图书在版编目(CIP)数据

教育展望.183,处于十字路口的全球公民教育/联合国教科文组织国际教育局编;华东师范大学译.—上海:华东师范大学出版社,2023

(课程、学习与评价的比较研究)

ISBN 978 - 7 - 5760 - 4026 - 5

Ⅰ.①教… Ⅱ.①联…②华… Ⅲ.①教育-世界-丛刊
Ⅳ.①G51 - 55

中国国家版本馆 CIP 数据核字(2023)第 131631 号

教育展望　总第 183 期

处于十字路口的全球公民教育

(课程、学习与评价的比较研究)

编　　者　联合国教科文组织国际教育局
译　　者　华东师范大学
责任编辑　王　焰(策划组稿)
　　　　　王国红(项目统筹)
特约审读　徐思思
责任校对　张佳妮　时东明
装帧设计　卢晓红

U0331103

出版发行　华东师范大学出版社
社　　址　上海市中山北路 3663 号　邮编 200062
网　　址　www.ecnupress.com.cn
电　　话　021 - 60821666　行政传真 021 - 62572105
客服电话　021 - 62865537　门市(邮购)电话 021 - 62869887
地　　址　上海市中山北路 3663 号华东师范大学校内先锋路口
网　　店　http://hdsdcbs.tmall.com

印 刷 者　江苏扬中印刷有限公司
开　　本　787 毫米×1092 毫米　1/16
印　　张　7
字　　数　141 千字
版　　次　2023 年 11 月第 1 版
印　　次　2023 年 11 月第 1 次
书　　号　ISBN 978 - 7 - 5760 - 4026 - 5
定　　价　32.00 元

出 版 人　王　焰

(如发现本版图书有印订质量问题,请寄回本社客服中心调换或电话 021 - 62865537 联系)

第 183 期

教 育 展 望

课程、学习与评价的比较研究

第 48 卷，2020 年 7 月　第 3 - 4 期

目　录

编者按

全球公民教育、身份认同与价值观：新观点与新视角　　　　　　西蒙娜·波帕　　1

观点/争鸣

处于十字路口的全球公民教育：全球化、全球公域、公益及批判意识

　　　　　　卡洛斯·阿尔贝托·托雷斯　艾米利亚诺·博西奥　　4

专栏

理解与促进道德伦理和价值观教育：在研究方法上面临的挑战　　曼苏尔·艾哈迈德　　18

约旦两班轮流制中学的约旦籍学生和难民学生公民身份的社会本体存在：

　女生的视角

　　　　　　　　　　　　　　　　帕特丽夏·K.科布欧　　40

案例/趋势

欧盟与美国的语言教育：矛盾与相似

　　　　　　　　　　吉尔·V.杰弗里　凯瑟琳·范·比尼根　　67

南苏丹小学教科书：改革以及固化冲突

　　　　　凯瑟琳·范纳　苏塞卡·科文坦·列维　斯波格迈·阿克塞尔　　85

一切信件请寄:

Editor, *Prospects*,

UNESCO International Bureau of Education,

P. O. Box 199,

1211 Geneva 20,

Switzerland.

E-mail: ibe. prospects@unesco. org

欲了解国际教育局的计划、活动及出版物,请查询其互联网主页:

http://www.ibe.unesco.org

一切订阅刊物的来信请寄:

Springer,

P. O. Box 990,3300 AZ Dordrecht,

The Netherlands

中文版项目编辑:

王国红

合作出版者:联合国教科文组织(UNESCO)

国际教育局(IBE)

P. O. Box 199,1211 Geneva 20,

Switzerland

and Springer,

P. O. Box 17,3300 AA Dordrecht,

The Netherlands

ISSN:0033-1538

编 者 按

全球公民教育、身份认同与价值观：新观点与新视角

西蒙娜·波帕*

在线出版时间：2020 年 7 月 23 日
©联合国教科文组织 国际教育局 2020

    笔者非常荣幸能为本期特刊作序，本期特刊汇聚了多位学术权威和学术带头人对以下这些关键议题的思考：包括从全球公民教育（GCE）以及相应的价值观和伦理，到身份认同以及教材在建设和平过程中所能扮演的角色。相较于过往，这些议题在当下具有更重要的意义。本期特刊中的好几篇文章都着眼于关注和解读一个至今仍在努力确定其立足点的学术领域。令人耳目一新的是，与那种常见的局限很大的解读不同，本期特刊中的文章摒弃了典型西方中心论和新自由主义对全球公民教育的解读，而是非常努力地尝试拓宽全球公民教育的定义，以期更好地全盘考虑和充分思考其长期前景。这些专家清晰地阐明了如下信念：全球公民教育可以成为"一种非常重要的工具，不仅可以用来帮助各国家和各文化彼此理解互信，也能有助于在社会政治、经济、环境等方面的互相联结，这种互联有助于应对全球性和地区性问题"（Torres and Bosio 2020）。

    本期特刊收录的所有文章的字里行间都流淌着同一种敏锐的感受力、共有的反省以及有时会令人不适的真话。而这些特质对于更深刻地领会本学术领域以及全球化所带来的挑战都是非常重要的——"来自全球化的挑战被认为在这一历史时刻有着最为深远的动力，全球化是一种正在人类生活和自然界的多种不同层面和空间中得以实现的发展历程"（Torres and Bosio 2020）。

    卡洛斯·阿尔贝托·托雷斯和艾米利亚诺·博西奥（Carlos Alberto Torres and Emiliano Bosio）的《处于十字路口的全球公民教育：全球化、全球公域、公益及批判意识》是以一场专题研讨会的形式所写就的文章。整篇文章运用了一种对话式体例，其内容既趣味盎然又引人深思，而文末又将所有的线索收束于如下结论：在一个正

  * 原文语言：英语

西蒙娜·波帕
电子信箱：ibe. prospects@unesco. org
通信地址：UNESCO International Bureau of Education, P. O. Box 199, 1211 Geneva, Switzerland

在日益变得愈发多元的世界上,针对批判性全球公民身份所开展的教育究竟意味着什么。这篇对话体的文章探讨了当下对全球公民身份的评判,并质疑了那些常见的对全球公民教育的误读。该文开篇首先对全球化的现象以及"联合国全球教育第一倡议行动"(UN Global Education First Initiative)进行了探讨和思考,该倡议行动旨在推动全球公民事业的发展,并凸显全球公民教育与世界和平、全球公域、公益之间的关联。该文的论证基于如下理论假设:全球公民教育应当帮助学习者解放思想并培养其批判意识。该文的对话总结道,全球公民教育在当代教育体制中的"使命"与保罗·弗莱雷所提出的批判意识理念是一致的。

曼苏尔·艾哈迈德(Manzoor Ahmed)的文章《理解与促进道德伦理和价值观教育:在研究方法上面临的挑战》则审视了两项近期完成的学术研究,这两项研究旨在调查学校是如何致力于达成联合国可持续发展目标(SDGs)4.7的——该目标中包含了对伦理和价值观的教育。首先接受调研的是联合国教科文组织设在德里的圣雄甘地和平与可持续发展教育学院(MGIEP),主要调查亚洲22个国家在多大程度上把与目标4.7相关的概念和能力融入主流的教育政策和课程大纲中。此外,一家名为教育观察(Education Watch)的孟加拉国公民社会组织则将其2017年调研报告的研究主题定为持续追踪和调查该国高等教育预科教育中是如何通过学校教育来推动道德伦理和价值观念教育的。该文探讨了方法论方面所关注的各议题,以及圣雄甘地和平与可持续发展教育学院开展的对比研究和孟加拉国的上述研究各自是如何应对和设法解决这些教学法相关议题的。联合国可持续发展目标议程,尤其是目标4.7,为上述两项研究提供了理论参考框架。该文首先讨论了联合国可持续发展目标中的目标4和子目标4.7与上述两项研究之间的相关性,并简要介绍了两项研究的研究目标、研究方法及其得出的研究结论的性质。接着,该文对这两项研究的研究方法和研究分析进行了对比。文末的总结部分谈及了本文的研究对今后科研和政策论述的意义所在。

帕特丽夏·K.科布欧(Patricia K. Kubow)的文章《约旦两班轮流制中学的约旦籍学生和难民学生公民身份的社会本体存在:女生的视角》则从92位年轻女生的社会本体论视角审视并分析了这些来自安曼三所两班轮流制女中的女生对公民身份和公民话语的看法。约旦位列土耳其和黎巴嫩之后,拥有的叙利亚难民人口居世界第三。为了应对学校过分拥挤这一问题,学校施行了一种两班轮流制的作息制度,其中,约旦学生上午接受学校教育,而叙利亚和其他难民学生则在下午接受教育。这些女生通过一系列复杂的身份标识来理解自身的本体存在,这些身份标识包括国籍、宗教信仰、文化、种族特点(阿拉伯裔)、性别和发育阶段(青春期)。该文研究发现,这些年轻女生的本体存在安全感根植于阿拉伯传统、伊斯兰身份,以及学生应对当下中东政治危机时约旦更为强调的维持和平。该文基于实证,运用了质性研究的学术方法,以此呼吁学术界今后对阿拉伯世界的年轻人开展更多有关公民身份方向的科研。

吉尔·V. 杰弗里和凯瑟琳·范·比尼根（Jill V. Jefery and Catherine van Beuningen）的文章《欧盟与美国的语言教育：矛盾与相似》以一种跨大陆的方式来研究并发现各国政策制定者应对语言教育供给中出现的挑战的方式存在着很大的差异。该文指出，全球各地的学校体系正愈发由语言异质化的人群来界定，与此同时培养跨文化交际能力对于那些已经全球化的经济体正变得愈发关键。尽管这些趋势似乎琴瑟和鸣，但有时它们也似乎彼此矛盾对立，这种和而不同在各国的全国性教育政策的内容和实施中都有所反映。该文的分析揭示了以下这些方面之间的相似与矛盾：归化移民人口，弥合历史成就方面的差距，促进跨文化理解，培养多语能力。为了能更好地探讨上述的相似与矛盾在政策基础中的意义，该文对美国和欧盟（聚焦于荷兰，将其作为示例个案）的语言教育进行了对比。

凯瑟琳·范纳等人（Catherine Vanner, Thursica Kovinthan Levi and Spogmai Akseer）的文章《南苏丹小学教科书：改革以及固化冲突》指出，小学教材不仅能为学生学习什么是和平与包容提供空间，也有可能会巩固和强化不平等与分歧的信息。该文运用主题分析法研究了南苏丹小学四年级的社会研究、英语和基督教宗教教育三门课程的教材，这种分析方法所运用的概念框架把教育定位为能够扮演与冲突相关的多种潜在且互相重叠的角色——受害者、同谋帮凶以及改革者——以此表明尽管这些教材内容的确包含了一些旨在推动社会变革的提议，但更多情况下它们往往被动地巩固了现状。尽管这些教材中有时以显性的方式推崇和平、社会对多样性的接纳以及性别平等，但这些教材过分强调了维持和接受社会规范的安排，而不要以批判的方式去质疑那些可能会促生不平等或导致冲突的社会结构。通过对一系列包括宗教和种族特点、政府治理、性别、冲突等主题的研究分析，该文认为可把这些教材大致归入冲突的共犯同谋，但也有一些向着改革者转变的动向。

衷心期望本书能够重新点燃读者们对全球公民教育及其价值观和身份的研究兴趣。本书并未给我们提供简单的答案，即便如此，我们也必须学会如何继续提出问题。

（朱 正 译）

参考文献

Torres, C. A., & Bosio, E. (2020). Global citizenship education at the crossroads: Globalization, global commons, common good, and critical consciousness. *Prospects*. https://doi.org/10. 1007/s11125-019-09458-w.

观点/争鸣

处于十字路口的全球公民教育：
全球化、全球公域、公益及批判意识

卡洛斯·阿尔贝托·托雷斯　艾米利亚诺·博西奥 [*]

在线出版时间：2020 年 1 月 23 日

摘　要　本文以对话体的体例回应了当下对全球公民的批判，并质疑了一些常见的对全球公民教育的误读，并讨论了在一个文化正变得愈发多元的世界中为批判性的全球公民身份开展的教育究竟意味着什么。本文首先对全球化这一现象和全球教育第一倡议行动(GEFI)展开讨论，全球教育第一倡议行动旨在进一步推动全球公民运动，并凸显全球公民教育、"世界和平"、全球公域、公益之间的关联。本文以如下理论假设为基础：全球公民教育应当帮助学习者解放思想并培养其养成批判意识。本文的对话总结道，全球公民教育在当代教育体制中的"使命"与保罗·弗莱雷所提出的批判意识理念是一致的。

关键词　全球化　全球公民教育　教与学　多元文化主义　保罗·弗莱雷批判意识

　　以下内容为本文两位作者从 2017 年持续至今的关于全球公民教育(GCED)与当代教育机构的科研和教学之间的关联的对话。本次对话回应了当下针对全球公民的批判，不仅质疑了当下一些常见的对全球公民教育的误读——新自由主义流派

---

* 原文语言：英语

卡洛斯·阿尔贝托·托雷斯(美国)

　　加利福尼亚大学洛杉矶分校的教育学特聘教授。联合国教科文组织的"全球学习与全球公民教育(2015—2019)"项目的主席。还担任了保罗·弗莱雷研究所主任(圣保罗；布宜诺斯艾利斯；加利福尼亚大学洛杉矶分校)。

　　通信地址：University of California Los Angeles (UCLA), Los Angeles, CA 90095, USA
　　电子信箱：catnovoa@aol.com

艾米利亚诺·博西奥(意大利)

　　现任日本横滨市立大学教师，英国伦敦大学学院教育学院博士在读。他的研究主要关注以一种创新式的、伦理的、批判式的方式把全球学习和全球公民教育整合进东亚、欧洲和美国的大学课程大纲。

　　通信地址：University College London, Institute of Education, Gower Street, London WC1E 6BT, UK
　　电子信箱：emiliano.bosio.15@ucl.ac.uk

经常把全球公民教育这一概念用于表达全球市场能力或者全球市场雇佣关系，即那种经常需要搭乘国际航班飞赴各国的工作，而且还涵盖了当下的一些教育议题，并且探讨了针对批判性全球公民身份所开展的教育在当下这个文化愈发多元的世界上究竟意味着什么。本文首先对全球化这一现象和全球教育第一倡议行动展开了讨论，全球教育第一倡议行动是联合国前任秘书长潘基文于2012年发起的，旨在进一步推动全球公民身份——并且是联合国议程中的一项至关重要的动议。有鉴于需要用理论来表述全球公民身份这一概念，本文的第二部分将全球公民教育定义为一种干预手段，以此来探索合适的理论构建方式。本文的第三部分阐释了全球公民教育、"世界和平"、全球公域、公益之间的关联。本文的结论部分则尝试对全球公民教育在当代教育体制中的"使命"与保罗·弗莱雷所提出的批判意识理念进行平行对比并找出其中的一致性。这种一致性以如下理论假设为基础：全球公民教育应当帮助学习者解放思想并培养其养成批判意识。

在过去十年间所刊发的诸多围绕着全球公民教育展开辩论的科研成果表明，这一概念对于当下的教育体制正在变得愈发重要和相关（Bosio 2019；Bosio and Gaudelli 2018；Bosio and Torres 2018；Yemini 2016）。学者、教育家甚至政治家纷纷参与到对全球公民教育的描述、解读和开发中，从而创造出一种高度多样化的概念域场（Bosio, Ibe, Matsui, and Rothman 2018；Yemini, Goren, and Maxwell 2018；Bosio and Schattle 2017）。全球公民教育旨在培养年轻人的关键时刻，沟通不同的项目、教育以及全球化（Bosio 2020），而这些年轻人将生活在一个愈发彼此相连的环境中（Yemini, Tibbitts, and Goren 2019）。对于把全球公民教育纳入现代教育体系，托雷斯（Torres 2017b）至少给出了三种解释。第一，全球公民教育支持全球和平；第二，全球公民教育鼓励对经济、社会、文化不平等进行干预，因此能够减少全球贫困；第三，全球公民教育为支持公民道德提供了一个坚实的框架和指导原则，因此有助于使社会变得更为民主。在这篇对话体文章的讨论中，笔者认为全球公民教育不仅是一种服务的交付——还愿将其视为一种"意识觉醒"（conscientization）的方式。用弗莱雷先生的话来说，这种意识觉醒指的是达成一种对世界更为深层次的理解和认识，让人得以察觉和接触到社会政治矛盾——让人能通过地方性和全球性之间的辩证来实现自我认同的发展（Torres 2019）——这也包括向我们的学生们传递一些非物质的价值观念，例如强烈的团结精神、珍视人文关怀以及认识到地球是我们唯一的家园。

对话

博西奥： 在我们最近发表的文章（Bosio and Torres 2019）中，我们把全球化定义为一种复杂且多层次的现象，其对个人生活方式、社区、社会民主参与并最终对教育机构尤其是中小学和大学都会产生影响。我们同时暗示，在全球化的背景下,并且受到来自新自由主义政治价值观的压力,民主往往会被定义为有权利去囤积物质财富以及毫无节制地追逐利益。从这种观点出发,贝格尔(Berger 2007,p. 113)认为:"过往任何时候都不如今天这样充斥着影响范围如此之广的、由追逐利益造成的破坏,几乎所有人都对这种资本主义标志性的逐利性心知肚明。"在对全球公民教育进行分析的过程中,全球化为什么又是以何种方式成为其核心概念的呢?

托雷斯: 全球化在其诸多表现形式和发展浪潮中,都标志着当代资本主义的时代。即使现今它受到了来自世界各地多种不同的威权民粹主义运动的挑战——例如,意大利的马泰奥·萨尔维尼(Matteo Salvini)就是其中一个典型人物,他试图在整个欧洲层面上对欧洲的民粹主义政党进行整合——全球化的进程可能的确缩小了不同国家之间的不平等,但同时加大了每个国家内部的不平等。

让我再次重申,在对全球公民教育进行分析时,全球化是一个中心概念也是一种基础性的背景——它是错综复杂的、多层次的。它有着不同的形式,因此应当以复数的形式对其进行讨论。在我之前发表的论文(Torres 2017b)中,我构想出了全球化的各种不同形式,并以图 1 的形式呈现如下。

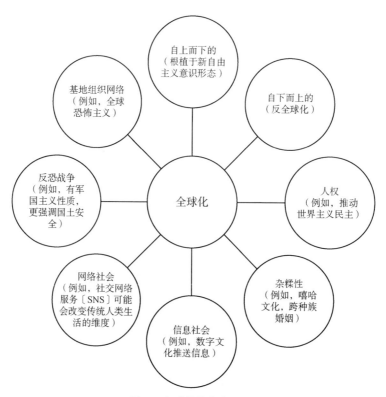

图 1　全球化的复数形态

对图 1 的解读如下：

（1）首先，我们能看到自上而下的全球化，它的理论框架来自一种新自由主义的意识形态，并且呼吁创造出多重的区域性市场，涌现出快节奏的经济和金融交易，以及单一民族国家以外的管理体系，尤其是以在世贸组织框架下施行的国际贸易协定的形式存在。

（2）第二种形式的全球化是自下而上的，也就是反全球化。这与第一种形式形成反差。这种形式中的个体、机构和社会运动都竭力反对那种被他们认为是大公司化的全球化。他们的信条是"没有被代表就没有全球化"。

（3）另一种显著类型的全球化更多关注权利而非市场。这就是人权的全球化。这个版本的全球化的主题是推动世界主义民主、多元民主、多元文化的全球公民身份。

（4）全球化也可以被界定为一种杂糅性概念。杂糅性的表现形式包括嘻哈文化，它发端于纽约的布朗克斯区，而现在由于来自日本、印度和中国的嘻哈乐手的努力和文化形态的发展，其影响已遍布全球。他们所共有的特点是一种对建制的反抗，以及为青年表达自我提供新方式。另一种新兴的杂糅性则与跨种族婚姻有关，其所创造出的一些新的人群类别很难用人口统计学调查的传统方式中对种族或民族身份分类的标准来进行区分。

（5）全球化的第五种表现形式与信息社会这个概念相关。与之产生关联的是数字文化及其将信息极其迅捷地推送到全球各个角落的能力。这塑造了一种新型的时空综合体，并且与网络社会的概念相关，数字文化技术的发展使这种网络社会成为现实。全球化背景下的信息社会正在影响着文化和物质生产。知识社会（其本身是机械化和数字文化的产物）与信息社会是同时出现的。它影响着我们对生产要素的思考方式，过去我们认为生产要素指的是土地、资本、劳动力和技术。当下，知识应当被增列为一种新的生产要素。

（6）第六个维度是"网络社会"。在当今社会中，社交网络得到了广泛的应用和讨论。然而，社交网络的存在改变了人类生活的一些传统维度。在现今充斥于互联网的对于信息、方法、研究、数据、分析和叙事的讨论中，有关学术权威和道德品性的问题，已经成为了这种讨论的核心要素。

（7）全球化的第七个维度是全球反恐战争。这一维度出现的主要原因是 2001 年的"911"恐怖袭击事件——有些人将这一事件解读成恐怖主义威胁的全球化——以及美国对这一恐怖袭击事件所作出的回应。这种形式的全球化更强调国家安全以及对国家边境、人员、资本和商品的管控。与之相关的还有反恐行动，但这些行动也造成了数十万人员的伤亡。令人心碎的例子有美国领导的联军在阿富汗和伊拉克所发起的两场战争。在这种背景下,这种形式的全球化的另外一个主题是伊斯兰恐惧症。实际上,"恐怖主义"和"恐怖主义威胁"等字眼经常被人和"伊斯兰"和"穆斯林"等词放在一起使用,而这种做法已经成为了一种为国际所接受的常规。

(8)最后,第八种形式的全球化是基地组织网络,以及其他恐怖主义组织。但必须指出虽然一些与基地组织类似的恐怖组织,比如,某组织在若干年前曾掌控了很大的区域,随后又被击溃,但近年来他们又在中东地区有重新集结的趋势,并且还从世界各地吸纳志愿兵。例如,欧美有部分年轻人向伊拉克和叙利亚移民,去为他们所信仰的所谓"神圣社会变革"事业而战斗,在黎凡特和中东地区创造出哈里发政权。

尽管上文的分析所描述的场景看似令人灰心,但近些年来我们收到了一些颇有成效的回应,这些行动旨在促进和谐,并为公益作出贡献。例如,联合国前任秘书长潘基文先生在 2012 年发起了全球教育第一倡议行动(GEFI 2012)。

博西奥: 全球教育第一倡议行动有着怎样的价值?它与全球公民教育之间又是怎样建立连接的?

托雷斯: 全球教育第一倡议行动基于如下三个原则:(1)让每一个儿童都能进入学校接受教育;(2)提升学习的质量;(3)培养全球公民。

全球教育第一倡议行动把全球公民作为一个核心概念纳入联合国体系中,并将其视为一种新的责任,这一点在联合国可持续发展目标(SDGs)的目标 4.7 中得到了详细阐述。尤其值得一提的是,上述的第三条原则——培养全球公民——也是本文将详加讨论的主题之一,这条原则鼓励通过全球公民教育这一方式来培养全球化的学习。因此,全球公民教育也可以被解读为全球公民身份的教育推广。

从这个视角出发,全球公民教育成为了一种非常重要的工具,不仅可以用来帮助各国和各文化彼此理解互信,也能有助于在社会政治、经济和环境等方面的互相联结,这种互联有助于应对全球性和地区性问题。为了能更好地推进全球教育事业的发展,潘基文先生发起了全球教育第一倡议行动,把世界全民教育与教育质量联系在一起,并表示全球公民教育是一种新的干预手段,将有助于确保全球体系的和平以及可持续发展。

博西奥: 您刚刚把全球公民教育称为一种干预手段,当下正在探索合适的理论构建(Torres 2017b)。我更愿意将其定义为一种"多义"符号。人类学家维克多·特纳(Victor Turner)认为多义符号能够被不同的施动者以多种方式来加以解读,在有些场合甚至可以成为冲突的温床,尤其是当不同的利益群体互相竞争,试图让自己的解读成为主流的解读时(Turner 1975)。

事实上,全球公民教育的特征也可以用多种方式来进行分析。除了传统上那种局限性很大的、典型西方中心论的、新自由主义式的对全球公民教育的界定以外，依然还有着一些不随波逐流的其他观点，它们呼吁以一种更为批判的、拥有变革力量的，甚至是关乎精神的方式来解读全球公民教育这一概念。例如，有些学者认为，全球公民教育应当基于后殖民主义批判理论；这一派学者认为，全球公民教育应当致力于应对全球贫困和不平等的根源性问题(de Oliveira Andreotti, Stein, Pashby, and Nicolson 2016)，去质疑那些去政治化的贫困定义，并致力于颠覆"殖民逻辑的延续"(Stein, Andreotti, and Suša 2016, pp.5 - 6)。

在另一派学者看来，全球公民教育应当是拥有变革力量的——例如，多元文化的、基于权利的、全面的、合作式的(Bosio 2017a; Bosio and Jofee 2018; Gaudelli 2016; Tarozzi and Torres 2016; UNESCO 2014)。这些学者所倡导的全球公民教育的方法旨在培养和推广以下这些价值观念：共情，团结，尊重差异和多样性，采取行动应对人权、贫困和环境等问题。

而另一些教育者倡导在全球公民教育中推广一种创造价值观的导向(Sharma 2018)，并且强调需要坚持长期致力于培养学生的人文精神，为此需要让学生通过有创造力的方式与他人共处，并且培养他们在任何处境中都努力探寻和发现意义(Bosio 2017b)、改善自身的生活方式、为他人的福祉作出贡献等的能力。由于整个学界对全球公民教育的界定众说纷纭，因此有必要探寻和构建一个理论体系来更确切地表述全球公民这一概念，您能为读者展望一下全球公民教育的理论体系的未来发展吗？

托雷斯：全球公民教育在世界体系中面临着以下这些问题，包括不同的国家情境之间以及国民身份之间的互动，通过可持续的政策来表述全球公民教育，以及在全球范围实施全球公民教育的成本。最后，就这一点而言，全球公民教育究竟由谁来负责推广、由谁来评估其有效性都是非常重要的问题，需要在联合国体系、全球体系和国家体系三者之间进行抉择和更迭。虽然已经有了很多类型的理论，但尚未有单一的理论能以一种全局的方式覆盖所有这些不同的解读。我认为学界现在需要的是一个元理论，就像我为全球公域所开发的那种元理论(globalcommonsreview.org)(Torres 2017a, 2019)。

博西奥：此处引述伦理学家约翰·罗尔斯(John Rawls)的观点，"人们认定，政府应当致力于公益，即努力为了每一个人的福祉而维持条件和达成目标"(Rawls 1971, p.233)，我俩主张全球公民应当努力捍卫全球公域(Bosio and Torres 2019)。您能否就全球公域的概念界定以及它与全球公民教育之间有哪些可能的联系为读者详加解读一番？

托雷斯：全球公域可以由三个命题来进行界定，我把它们画进了如下所示的图2。如图2所示，第一个命题是地球是人类唯一的家园，因此，我们必须通过全球公民可持续发展教育来保护它,不能只是分析和谴责,而是要采取行动并制定和实施政策。这一原则是不证自明的。在人类世(Anthropocene)这一背景下,除了努力维持并为子孙后代保护好地球的全球生态、生物多样性、生物生存能力之外,人类别无他法。全球公域的第二个预测是基于这样一个理念,即世界和平是一种有着非物质价值的、人本主义的、无形的文化商品。世界和平是人类的巨大财富。全球公域的第三个理论前提假设是需要找到途径让所有人获得平等并努力在日趋多元化的世界上以民主的方式共同生存,努力实现每个个体和文化的利益,达成其自身不可剥夺的生命权、自由权以及追求幸福的权利。

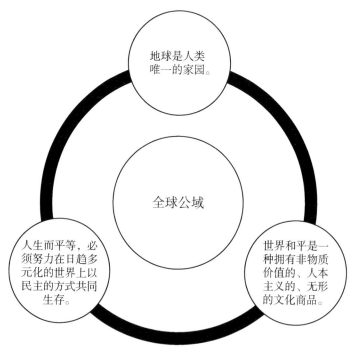

图 2　全球公域:三个命题

博西奥: 您能再次详加阐释第二条原则——“世界和平是一种有着非物质价值的、人本主义的、无形的文化商品”吗?

托雷斯: 自从康德提出“永久和平”理念以来,我们的世界已经经历过两次世界大战了。而第三次世界大战几乎是令人无法想象的,因为战争科技已经发展到了一场热核战争就可以彻底互相抹灭双方的地步。即使仅从技术原因来看,和平都是人类的唯一选择。这就意味着必须让和平凌驾于单一民族国家的个体利益之上,并为世界秩序通过软实力和某种形式的“(两国间紧张关系的)缓和"来创造出一种自我管理的模式,以期能预先阻止诉诸热核战争技术来解决冲突。长期以来,人们已经清晰地认识到,这个时代的地区冲突会极其迅速地演变为全球冲突,并且带来绝对史无前例的破坏。一次核冬天将会让核战幸存者接下来的几十年甚至上百年的农业生产绝收。在此引述出生于哈利卡纳苏的古希腊历史学家希罗多德的话,他在描述希腊人与波斯人的冲突时曾写下以下格言:"在和平年代黑发人送白发人,而在战争岁月白发人送黑发人。"这句格言依然适用于当下,也请读者您扪心自问:"上述两种状态中,哪一种才是人生的常态呢?"

博西奥:这的确是一个发人深省的提问。从这种观点出发,您刚刚提及了第三条原则:人类应当努力"在日趋多元化的世界上以民主的方式共同生存"。

托雷斯:的确,第三种全球公域是全人类的共同诉求。幸福是我们所有人不容否认的诉求,这也是一种核心全球公域。而与幸福相关的美好生活社会学问题在当今社会正变得愈发重要(Rosa 1998)。问题在于用于界定美好生活和美好社会的条件究竟有哪些,而这些条件又是以何种方式创造出一种大众所共享的幸福感以及致力于实现全球团结的。天下一家式的全球团结其本身正愈发成为"美好生活"(buen-vivir)的前提。"美好生活"这一概念由当时对抗西班牙殖民者的原住民群体提出,其历史背景是在西方地中海地区发达国家的对外扩张中所兴起的全球资本主义发展过程中开展的最初的殖民模式。

博西奥:卡洛斯先生,学术生涯中,您曾有幸多次与保罗·弗莱雷先生共事;他是您的良师益友。保罗·弗莱雷先生提出的意识觉醒理念,又称"批判意识"理念,是那些有志于研究全球公民教育的学者经常引述的理论。学术上对这一理论如此推崇的一个可能的原因在于弗莱雷先生明确指出意识觉醒(或称批判意识)是教育的最高价值;这是一种解放(Freire 1970)。弗莱雷(Freire 2018)进一步解释道,解放意味着开始能够以一种批判式的视角意识到社会不公正,并认识到那些维持着这种不公正的全球性问题。换而言之,教育解放能发挥把人类从社会和全球不公正中解放出来的功能。

从这个视角来说,弗莱雷似乎是在暗示,作为解放的教育,包含了能够"读懂世界"和"改写世界"(Freire 1970)。只有读懂世界,个体才能够以批判的视角分析全球权力体系以及自身在各种权力结构中的定位(Freire 2018;Torres 2014)。这同时也包括了弗莱雷(Freire 1994)界定的谴责和通告。他把"谴责"定义为培养一种对世界的批判意识,谴责世界上的社会不公正,同时"通告"则被定义为能够认识到人性中的仁爱、尊严以及每一个人的潜能(Freire 1994)。换而言之,当一个人能够通过谴责和通告的方式来观察社会,那个人就已经做好了改写世界的准备。就这个视角来说,您认为弗莱雷的教育学与全球公民教育之间存在着怎样的联系呢？

托雷斯：弗莱雷先生是理解全球公民的先驱，或许并非出于自愿，但他本人也因此成为了全球公民和全球学者。雷蒙德·莫罗（Raymond Morrow）教授是联合国教科文组织所颁发的第一届罗伯·罗兹全球公民教育奖得主，我本人也非常荣幸地担任了该项目的主席和评委。莫罗教授在我们项目的第四届年会上列举了一系列令人印象深刻的论点，来论证弗莱雷的先驱性。很快，莫罗的这些论点将刊发在《全球公域评论》（*Global Commons Review*）期刊上（globalcommonsreview. org）。

比如说，最初的弗莱雷是个典型的外乡人。他以外乡人的身份有了自身意识的觉醒，而他本人对故乡有着超乎寻常的认同感，可以算作当地人中的当地人。他为自己出生于巴西东北地区而感到自豪，并且有着极其敏锐的洞察力和超乎常人的观察能力。令我印象深刻的是他能以常人所未有的方式来看待现实并从中发掘新问题，在这种探寻和观察的过程中他能自行开掘并找到这一现实问题的答案。同时，他那高超的语言驾驭能力以及近乎诗意的卓绝认识总是能精确地抓住读者们的想象力。皮埃尔·弗特在刊发于《国际教育展望》（Furter 1985）上的对保罗·弗莱雷的描述中，将这种特质描述为"一位外乡人的逐渐觉醒"，在由我主编的新书《保罗·弗莱雷手册》（*The Wiley Handbook of Pawlo Freire*）中也引述了弗特的这一表述（Torres 2019，p. 11）。

以这种方式，弗莱雷开始转向非常实际的领域，而他本人并非是实际生活的达人。比如，他本人从来没有学会如何驾驶汽车。虽然这无伤大雅，我仍觉得他并不像常人那般接地气。但是在另外一些方面，他远比常人要更为务实。他了解该如何引领社会变革。

他通过创造一个新体系，做到了上述这一点，它被称为"保罗·弗莱雷体系"。弗莱雷先生本人及其最初的合作者们在那本非常著名的由累西腓大学（现为伯南布哥大学）于1963年出版的期刊中将其称为"保罗·弗莱雷系统"。其定义是：这一体系能够增加人们重回学校接受学习的机会，同时也让他们能够以其他相似的方式来接受教育，包括非正规教育、非正式教育和正式教育等多种形式，直到他们最终到达顶峰，即进入大学接受教育。

这种类型的大学已经开始显现出全球公民的一些特征。简而言之，我认为弗莱雷从外乡人中的外乡人变成了全球公民中的佼佼者。在那场世界与地区的对话中，他本人也成为了一位全球公众人物，他将自己称为——向着显而易见的事实的"朝圣者"，此处的显而易见指的是以往人们常常说的世界上存在着压迫与被压迫、压迫者与被压迫者。

在此请允许我再补充一点，我曾经在担任世界比较教育学会理事会

(WCCES)主席期间,在多次主旨发言中多次提及这一观点,我的这个观点在互联网上已经被翻译为六国语言。历史上曾经有过这样一位人物,多明戈·福斯蒂诺·萨米恩托(Domingo Faustino Sarmiento),虽后人对他毁誉参半,但白手起家的他自学成才并且创造了大众教育这一概念,随后将其付诸公共教育实践中。萨米恩托将其规定为获取公民身份的前提条件。自此之后,教育与公民身份立刻就与自由主义传统,或许也与实证主义建立起了即刻联系,而这也成为了实证主义传统的一个典型模型;从政治角度来说,它与经验主义的传统,尤其是自由主义之间关联密切。萨米恩托也是一位比较学学者,或许是拉丁美洲第一位比较学学者——对此我并不确定他是否可以被视为世界上第一位比较学学者。因为他会借鉴和传播那些他所理解的,以此把从教育改革中所获得的经验运用于其他领域,运用于世界上其他地区乃至整个拉丁美洲。

接着,萨米恩托推动了后殖民主义,但又信奉自由主义的公民的诞生。但这种自由主义存在着一个问题,即它所创造出的是同质化的公民,而非多样性的公民。在此,我所讨论的世代,大约是指从19世纪60年代到80年代这个时间段。之后再过60年到70年就到了弗莱雷的时代。

弗莱雷并未对抗这一传统。在他的"朝圣之旅"的最初,他本人打心底是一个铁杆的自由民主党人。他所对抗的是这一后殖民传统中那些不够彻底的后殖民要素,因为萨米恩托不喜欢西班牙人。他喜欢法国人,喜欢美国人,但不喜欢西班牙人,因为西班牙人对拉丁美洲而言是殖民者。就弗莱雷而言,我们谈论的是一种完全不同的传统——一种新传统的发端。被压迫者的教育学这一论点,是使这类自由民主主义公民在深受当时的马克思主义影响的激进自由主义的影响下真正成长为全球公民的前提条件。这也是弗莱雷在当时(或许并非出于本心地)成长为全球公民和全球思考者的原因所在。

弗莱雷在他人生迟暮之年曾经说过如下的金句,或许很多人没有真正意识到其深刻的价值。这个句子很复杂,或许我也没有记得太清楚。它大致如下所述:我的累西腓特质解释了我的伯南布哥特质,我的伯南布哥特质解释了我的巴西东北地区特质,我的巴西东北地区特质解释了我的巴西特质,我的巴西特质解释了我的拉美特质,而我的拉美特质让我成为了世界公民。

接着他说道:"如果你未能理解累西腓,那么你就没法理解我。如果你未能理解我所归属的这些地区,就无法真正理解我。"原文引述如下:"累西腓就是我的背景与源头,无论过去、现在还是未来都标识着我的存在。这就是为什么我会说如果你不理解累西腓就没法理解我,如果你不热爱累西腓,

你就不会爱我。"(Torres and Noguera 2008)

弗莱雷从不相信教育是进步或发展的操纵杆。他所相信的是如果没有教育,人们就无法实现进步或发展,我非常认同他的这个判断。换而言之,诚如一些社会学家所述,教育是一种必要条件而非充分条件。充分条件始终与公共政策有所关联。而与之相连的是那些在市民社会和政治社会的联结处所做出的抉择。在此,我想强调的第三点是我们并非身处一个发展中的新自由主义的社会中。我们现今所面对的是整整三个世代的新自由主义信徒,一直以来人们都被有计划地灌输,即占有式个人主义的观念,即你本人应当为自己的成功负责;另外,团结这一网络不断地被低估和破坏。

博西奥:在此次对话结束之际,我想邀请您对以下这句引言进行评价或者详加展开,我认为这句引言非常符合我的教育理念,并且我把全球公民教育解读为一种基于价值观的理论框架;这句话引自和弗莱雷的一段对话(Freire and Pérez 1993),在这段对话中两位学者探讨了"革命性的教育家"在通过日常教学尽力创造最优秀的价值观的过程中所面临的诸多挑战。在这一背景下,弗莱雷说道:

"我认为革命性的教育家所面对的最大挑战之一在于如何实现以下这种转变,如何把对革命前的主流课堂有用的学校转变为对当今社会的大众课堂有用的学校。"(p.6)

考虑到"全球公民所面对的挑战并非是持续地与全球精英进行对话,或为这些精英辩护"(Shultz, Abdi, and Richardson 2011, p.14),您是否能将其与上述出自弗莱雷先生的引言进行联系并展开阐释?

托雷斯:允许我再一次重申弗莱雷先生有着清晰鲜明的、左翼倾向的自由意志论观点。他认为,真正的问题在于如何在那些人口数量呈指数级的困难情境中推进全球公民行动,例如,如何在占全球人口七分之一的日薪低于两美元的人群中做到这一点。人们该如何指望身处如此恶劣困境的人群以全球公民的身份去思考,遑论以这种身份去生活?然而,让我在此阐述如下要点:弗莱雷所质疑和批评的那种传统教育模式,是基于教师通过以教师为中心的教学法在课堂中掌控绝对的权威。用弗莱雷的话来说,学生并非需要被填充知识的空洞容器。一个关键挑战在于,教师必须认识到所有年龄的学生在进入课堂时都为课堂带来了他们自身的知识和经历,学生也可以为教学乃至整个社会作出非常有价值的贡献。从这种观点出发,弗莱雷指出,教师也是学生,同时学生也是教师。全球公民教育应当成为一种提出问题的教育形式,用鼓励批判性思考的问题来挑战学生。全球公民教育并非"与全球精英对话或为他们辩护",教师们在实践全球公民教育时,必须以一种能够培养学习者心灵、促进社会正义以及推动所有社区的可持续发展的方式来开展。

结论

在我们身处的这个时代，教育所必须应对的那些影响最为深远和急速变化的发展中，全球转变和全球化的资本主义是两大重要议题。人们迫切需要从哲学、社会学、文化、生态学、客观现实、美学和政治等多个方面对我们这一时代正在经历或预计将会遭遇的那些急速的变化作出回应。在上述对话中，本文的两位作者从教育这一概念最宽泛的意义上对全球变革给教育所带来的挑战进行了探讨。换言之，两位笔者尝试从不同的视角和不同的话题来讨论这种挑战，其中来自全球化的挑战被认为在这一历史时刻有着最为深远的动力，全球化是一种正在人类生活和自然界的多种不同层面和空间中得以实现的发展历程。

我们的对话探讨了与全球公民教育相关的全球化挑战的丰富性和多样性。我们试图从历史、社会学和哲学的角度，将全球公民教育的根源、实践和成果推想为一种威胁或通往教育新的可能性的一种途径。此次对话不仅是分析性和批判性的，也为身处 21 世纪全球化时代的教育提供了新的道路和机遇。

（朱　正　译）

参考文献

Berger, J. (2007). *Hold everything dear: Dispatches on survival and resistance*. London and New York, NY: Verso.

Bosio, E. (2017a). Educating for global citizenship and fostering a nonkilling attitude. In J. Evans Pim & S. Herrero Rico (Eds.), *Nonkilling education* (pp. 59 - 70). Honolulu: Center for Global Nonkilling.

Bosio, E. (2017b). How do we create transformative global citizens? *University World News*. http://www.universityworldnews.com/article.php?story=20171129082744388.

Bosio, E. (2019). The need for a values-based university curriculum. *University World News*. https://www.universityworldnews.com/post.php?story=2019092415204357.

Bosio, E. (2020). Towards an ethical global citizenship education curriculum framework in the modern university. In D. Bourn (Ed.), *Bloomsbury handbook for global education and learning* (pp. 187 - 206). London: Bloomsbury.

Bosio, E., & Gaudelli, W. (2018). *Interview with Emiliano Bosio on global citizenship education*. Video file. https://youtu.be/CuiAEL45fDw.

Bosio, E., Ibe, A., Matsui, B., & Rothman, J. R. (2018). GILE SIG forum: Educating for global citizenship. In A.B. Gallagher (Ed.), *The 2017 PanSIG Journal: Expand your interest* (pp. 222 - 231). http://pansig.org/publications/2017/2017_PanSI G_Journal.pdf.

Bosio, E., & Jofee, M. (2018, November 18). *Interview series with Emiliano Bosio*. Dr. Monte Jofee Global Citizenship Education. Video file. https://youtu.be/-geu2cTJf9k.

Bosio, E., & Schattle, H. (2017, October 12). *Interview series with Emiliano Bosio*. Dr. Hans Schattle Global Citizenship Education. Video file. https://youtu.be/Wg3EWF88vi8.

Bosio, E., & Torres, C. A. (2018, March 3). *Interview series with Emiliano Bosio*. Dr. Carlos Alberto Torres Global Citizenship Education. Video file. https://youtu.be/hNVZRIuBS-w.

Bosio, E., & Torres, C. A. (2019). Global citizenship education: An educational theory of the common good? A conversation with Carlos Alberto Torres. *Policy Futures in Education, 17* (6), 745 – 760. https://doi.org/10.1177/1478210319825517.

de Oliveira Andreotti, V., Stein, S., Pashby, K., & Nicolson, M. (2016). Social cartographies as performative devices in research on higher education. *Higher Education Research & Development, 35*(1), 84 – 99.

Freire, P. (1970). Cultural action and conscientization. *Harvard Educational Review, 40*(3), 452 – 477.

Freire, P. (1994). *Pedagogy of hope*. New York, NY: Continuum.

Freire, P. (2018). *Pedagogy of the oppressed*. New York, NY: Bloomsbury.

Freire, P., & Pérez, E. (1993). *A dialogue with Paulo Freire*. www.acervo.paulofreire.org:8080/jspui/bitstream/7891/2461/3/FPF_OPF_05_005.pdf.

Furter, P. (1985). Profiles of educators: Paulo Freire. *Prospects, 15*(2), 301 – 310.

Gaudelli, W. (2016). *Global citizenship education: Everyday transcendence*. New York, NY: Routledge.

GEFI [Global Education First Initiative]. (2012). *The UN Secretary-General's global initiative on education*. http://www.globaleducationfirst.org/.

Rawls, J. (1971). *A theory of justice*. Cambridge, MA: Harvard University Press.

Rosa, H. (1998). On defining the good life: Liberal freedom and capitalist necessity. *Constellations: An International Journal of Critical and Democratic Theory, 5*(2), 201 – 214.

Sharma, N. (2018). *Value-creating global citizenship education: Engaging Gandhi, Makiguchi, and Ikeda as examples*. Palgrave studies in global citizenship education and democracy. Cham, Switzerland: Palgrave Pivot.

Shultz, L., Abdi, A. A., & Richardson, G. H. (Eds.) (2011). Global citizenship education and the role of the academy: A critical introduction. In *Global citizenship education in post-secondary institutions: Theories, practices, policies* (pp. 1 – 12). New York, NY: Peter Lang Publishing.

Stein, S., Andreotti, V. D. O., & Suša, R. (2016). "Beyond 2015", within the modern/colonial global imaginary? Global development and higher education. *Critical Studies in Education, 60* (3), 1 – 21.

Tarozzi, M., & Torres, C. A. (2016). *Global citizenship education and the crises of multiculturalism: Comparative perspectives*. London: Bloomsbury.

Torres, C. A. (2014). *First Freire: Early writings in social justice education*. New York, NY: Teachers College Press.

Torres, C. A. (2017a). *Global citizenship education: Taking it local*. Lecture at Seoul Metropolitan Office of Education (SMOE), Seoul International Education Forum (SIEF) "Glocal Seoul Education: To Foster Global Citizens", October 19.

Torres, C. A. (2017b). *Theoretical and empirical foundations of critical global citizenship education*. New York, NY: Routledge.

Torres, C. A. (2019). Introduction: Paulo Freire and the dialectics of the local and the global. In C. A. Torres (Ed.), *The Wiley Handbook of Paulo Freire* (pp. 1 – 29). Chicago, IL: Wiley.

Torres, C. A., & Noguera, P. (Eds.) (2008). *Social justice education for teachers: Paulo Freire and the possible dream*. Rotterdam and Taipei: Sense Publishers.

Turner, V. (1975). Symbolic studies. *Annual Review of Anthropology*, 4(1), 145 – 161.

UNESCO. (2014). *Global citizenship education: Preparing learners for the challenges of the 21st century*. http://unesdoc. unesco. org/images/0022/002277/227729E. pdf.

Yemini, M. (2016). *Internationalization and global citizenship: Policy and practice in education*. Cham, Switzerland: Palgrave Macmillan.

Yemini, M. , Goren, H. , & Maxwell, C. (2018). Global citizenship education in the era of mobility conflict and globalisation. *British Journal of Educational Studies*, 66(4), 1 – 10.

Yemini, M. , Tibbitts, F. , & Goren, H. (2019). Trends and caveats: Review of literature on global citizenship education in teacher training. *Teaching and Teacher Education*, 77, 77 – 89.

专　　栏

理解与促进道德伦理和价值观教育：
在研究方法上面临的挑战

曼苏尔·艾哈迈德[*]

在线出版时间：2019 年 12 月 12 日

©联合国教科文组织 国际教育局 2019

摘　要　近来有两项科研项目旨在调研学校是如何致力于达成联合国可持续发展目标（SDGs）4.7 的——该目标包含了对道德伦理和价值观的教育。联合国教科文组织设在德里的圣雄甘地和平与可持续发展教育学院（MGIEP）项目，审视了22 个亚洲国家在多大程度上把与联合国可持续发展目标 4.7 相关的概念和能力作为教育政策和能力的主流。另一个名为教育观察（Education Watch）的孟加拉国公民社会团体对该国的大学预科教育的发展开展了持续的追踪和调查，并把通过学校教育来推动道德伦理和价值观教育作为其 2017 年度报告的主题。本文描述了方法论方面所关注的问题，以及圣雄甘地和平与可持续发展教育学院的比较研究项目与孟加拉国项目分别是如何应对这些问题的。联合国可持续发展目标议程，尤其是目标 4.7，构成了上述两项研究的理论参考框架。本文将讨论联合国可持续发展目标 4以及子目标 4.7 与这两项研究之间的相关性，简要地列出这两项研究的目标、方法和研究结论的性质。接着，本文对这两项研究的研究方法和理论分析进行了对比。最后，本文以对未来科研和政策论述的意义作为结论。

关键词　联合国可持续发展目标 4.7　全球公民教育　可持续发展教育　道德伦理和价值观教育　孟加拉国

　　建设公正社会、让所有人都能享有和平繁荣的生活以及为子孙后代保护地球环

　　* 原文语言：英语

　　曼苏尔·艾哈迈德（孟加拉国）

　　达卡市的布拉克大学的荣誉教授。布拉克大学教育发展学院的创始主任。在过去的二十多年里历任联合国儿童基金会的多种不同职位，包括联合国儿童基金会高级教育专员和驻中国、驻埃塞俄比亚、驻日本的国别主任。与设在北京师范大学的联合国教科文组织下属的国际农村教育培训与研究中心有着密切的合作。著述颇丰，专著的主题广泛涉及教育与发展、教育规划、非正规教育等诸多议题。

　　通信地址：BRAC University, 66 Mohakhali, Dhaka 1212, Bangladesh

　　电子信箱：amahmed40@yahoo.com

境，在当今社会都面临着诸多新的挑战。联合国可持续发展目标制定了直到 2030 年的全球发展议程。其中的目标 4 是联合国所有成员国宣誓致力于"确保包容公平的优质教育，促进全民享有终身学习机会"。该目标下设的子目标 4.7 则呼吁各国把基于价值观的、行动导向的学习纳入本国的教育体系中。目标 4.7 强调了知识、技能、态度和价值观的作用——及其实践——以达成全球公民和可持续发展教育准则中所规定的教育目标（UNESCO 2015，2017）。

近期有学者分别开展了两项科研项目来调查研究学校是如何促进实现目标 4.7 的。这两项研究都面对着相同的问题：如何将国家教育体系的目标概念化，以及用以评估这些目标是如何达成的方法论问题。联合国教科文组织设在德里的圣雄甘地和平与可持续发展教育学院项目，审视了 22 个亚洲国家在多大程度上把与联合国可持续发展目标 4.7 相关的概念和能力作为教育政策和课程大纲的主流内容。该项目汇报了在更大的政治、经济和社会力量对教育政策和实践产生影响的背景下，这些国家开展和平与可持续发展以及全球公民等主题教育的现状（MGIEP 2017）。

另一个名为教育观察的孟加拉国公民社会团体对该国的大学预科教育的发展开展了持续的追踪和调查，并把通过学校教育来推动道德伦理和价值观教育作为其 2017 年度报告的主题。这一研究项目审视了道德伦理和价值观教育（EVE）以何种方式体现在学校教育的构成要素中，包括课程大纲和教材、教师培训和教师绩效以及学生的学习。目标 4.7 被视为用以审视道德伦理和价值观教育的概念框架的组成部分之一（CAMPE 2018）。

本文描述了方法论方面所关注的问题，以及圣雄甘地和平与可持续发展教育学院的比较研究项目和孟加拉国的研究项目是以何种方式应对这些方法论问题的。本文的基础理论假设前提是道德伦理和价值观对国家教育体系是非常重要的议题之一，学术界对该领域的概念化以及研究方法有着广泛的兴趣。在此应当着重指出，本文将聚焦于道德伦理和价值观教育，并将其视为教育的关键目标之一；本文将以上述两个科研项目为例，专注于讨论研究方法方面的议题——而非从更宽泛的层面上探究道德伦理和价值观教育或者教育的目的。笔者旨在以上述两个实证科研项目为基础，就道德伦理和价值观教育为教育实践工作者的教学实践解惑，以及为国家教育系统中的政策制定者指明方向。

联合国可持续发展目标议程，尤其是其中的目标 4 和子目标 4.7，构成了上述两项研究的理论参考框架，下文中将对此进行讨论。笔者将在接下来的讨论部分中简要地列举上述两项科研项目的研究目标、研究方法以及它们各自所得出的结论。接着，本文会对两者的研究问题和研究方法进行对比。最后，本文以对未来科研和政策论述的意义作结。

联合国可持续发展目标视角

作为联合国为国际社会制定并于2015年9月发布的联合国2030可持续发展目标的17个目标之一,目标4是其中最为主要的教育目标。目标4下的目标4.7强调了那些能够促进可持续发展和生活方式及其相关目标(这些目标中也包括全球公民)的知识和技能。目标4.7本身并没有对应当以何种方式激励学习者运用这些知识和技能详加展开。该目标的意义在于如果能对与其所预期的目标相关的知识或技能进行有效的教学和良好的学习,将会有助于创造和平和非暴力的文化,以及增强对文化多样性的认同。

可持续发展与全球公民:两大核心主题

目标4.7更近似一种对教育目标的宽泛表述:教育的目的和更深层次的目标远远不止习得特定技能和知识的工具性目标。目标4下的另6个子目标讨论的是教育的内容和方式。目标4.7的综合编制涵盖了与国家教育体系目标相关的诸多理念。目标4.7把"可持续发展"作为自身的首要议题,并以列表的形式列举了其包含的诸多要素——以"此外还有"这一短语来进行表述——各个国家可以通过这些要素来达成可持续发展的目标。该列表中的要素包括可持续发展和可持续的生活方式、人权、性别平等、推动建设和平和非暴力的文化、全球公民、认可文化多样性以及文化对可持续发展所作的贡献,针对以上这些方面开展教育。

可持续发展教育(ESD)和全球公民教育是这些概念中的关键节点性概念,因为笔者认为它们可以代表上述已明确列举出的以及虽未被列举但由"此外还有"这一表述所概括的所有要素。在联合国可持续发展目标4的表述中,"全球公民"这一术语被用于指代在宽泛意义上教育系统需要推动人们养成的作为个体和作为社会成员所需的品格和特质。联合国教科文组织、布鲁金斯学会环球教育中心与其合作伙伴们联合发表了一份关于当前学术界对评测全球公民教育的工具和实践进行思考的研究报告。该报告指出:

> 当今世界面临气候变化、移民和冲突等诸多挑战,这就要求人们采取更多的行动,而非仅仅思考解决方案。这要求个人和社区都采取有效的行动。其中一种有效的方法是全球公民教育,它能帮助年轻人培养知识、技能、行为、态度和价值观以在当地参与有效的个体和集体行动,并着眼在全球层面建设更好的长远未来(Brookings Institution 2017)。

"全球公民"是一个高度概括的术语,需要放在具体的语境中详加阐释。一位公民同时也是一个社区、一个国家乃至整个世界的成员。这些多元的身份之间是以何种方式达成和谐一致，又是怎样为人所认知，教育又该如何确认这些多元身份，这些都是教育系统所面对的实际挑战。

同样，"可持续发展"和"生活方式"本身也是宽泛且复杂的概念，需要在特定的语境下进行定义和展开解读。可持续发展里程碑式的概念界定，由简称布伦特兰委员会（Brundtland Commission）的世界环境与发展委员会于 1987 年发布，在今天依然有着现实意义。摘录其中部分内容如下：

> 人类有能力让发展变得可持续化——确保发展不仅能满足当下的需求，也不会因此损害未来世代的能力。可持续发展的理念并不意味着限制。恰恰相反，科技和社会组织可以同时得到管理和提升，以此方式为一个新的经济增长时代铺平道路（WCED 1987，p.8）。

上述观点在国家教学体系中的处理方式同时也引发了复杂的议题，并成为了学术界当前持续探讨、科研和开发工作的主题。在全球公民教育和可持续发展教育这两个总主题下的每一个不同要素本身也是一个宽泛的理论构念，对教育目标、教育内容、教育结果和教学法都有很多意义。

联合国可持续发展目标 4.7 的话题列表中并未提及的内容同样很重要。道德伦理和价值观——思考人类生存的道德目的和精神意义，习得道德指南针来指导个体与其他人的互动，并为个体的生命赋予意义——就是上述目标 4.7 中未直接提及的概念之一。

目标 4.7 并未直接提及道德伦理和价值观可能是因为在跨国跨政府协商的背景下很难就道德伦理和价值观教育的内容达成共识。然而，对教育目标进行限制性构建的后果会造成问题。这么做会被认为是支持把教育目标话语限制在更狭隘的工具主义视角的倾向态度。

绝大多数国家的国家教育体系在其课程大纲的内容和目标中提及了道德伦理和价值观教育——其中也包括宗教教育——把青少年学习者的道德和品格发展视为其关键教育目标之一。例如，宗教教育在英国的所有公立学校是必修课。该课程的内容包括学习和研究不同的宗教以及各种宗教和道德主题，但同时也要求教学内容上必须要反映出基督教的主导地位。然而，家长也拥有权利让自己的孩子退出宗教学习（Department for Education, United Kingdom 2012）。

一些国家，尤其是在欧洲，已经开始尝试采纳一种基督教各派大联合的、跨文化的甚至是跨国的教学方法——汲取宗教传统中那些重要的共有要素，以及与道德和价值观相关的共有概念和实践。他们对以下三者进行了区分：宗教学习、学习了解与宗教相关的知识、向宗教学习——三者在教学内容和教学方法上有着不同的侧重（Schreiner 2009; Tan 2008）。

向学生灌输对人类生存更宏大的目标以及生活的精神维度的意识,以及创造出对人类生存现状在更深刻意义上的认识,都是教育界当下的热门议题。尽管目标4.7的措辞采取了非常谨慎的方式,人类生活的精神维度及其对价值观培养的影响以及它在教育体系中的处理方式,都不该被国家教育话语所忽视。

圣雄甘地和平与可持续发展教育学院项目研究

圣雄甘地和平与可持续发展教育学院所开展的题为"重新思考 21 世纪的学校教育:亚洲各国为和平、可持续发展和全球公民所开展的教育的现状"(MGIEP 2017)的研究为厘清和构建达成目标 4.7 所需的指标的研究话语作出了重要的贡献,该研究话语正在为学术界所热议,并且对本次研究的研究方法也大有启迪。该研究所调查的国家来自以下四个地区:东亚(中国、日本、韩国);南亚(阿富汗、孟加拉国、不丹、印度、伊朗、尼泊尔、巴基斯坦、斯里兰卡);东南亚(柬埔寨、印度尼西亚、老挝、马来西亚、菲律宾、泰国、越南);中亚(哈萨克斯坦、吉尔吉斯斯坦、蒙古国、乌兹别克斯坦)。

研究问题

为了寻求以下这一主要研究问题的答案,即联合国可持续发展目标 4.7 中设置的为和平、可持续发展和全球公民所设定的教育目标是以何种方式并在多大程度上整合进了亚洲各国的教育体系中,该项研究进一步探索了下列具体问题:

(1)学校课程大纲是否以狭隘的经济学术语把"发展"定义为促进 GDP 增长最大化和推进国家扩张的工具?还是以更豁达宽泛的视角来看待发展,将其与重视可持续发展以及公民权责的包容、平等的理念保持一致?

(2)学校是否促进了自主的、拥有批判意识的、社会参与度更高的公民相关技能和能力的培养,以此帮助他们在确定自身集体的未来时能够发声并拥有话语权?

(3)在学校教育服务于国家目标这一前提之下,课程大纲和教材又是以何种方式来引导学生认识国家的?是否把国家表述为一个多元化的社区,既会平等回应和倾听少数族裔群体和多数族裔或宗教团体的声音和利益诉求,也会平等回应女性和男性的诉求?

(4)学校课程大纲是否会涉及和重视其他国家或超越了国别的身份认同的焦点问题?

(5)学校教育的结构以及更宽泛的社会背景,能够在多大程度上有助于实现与和平、可持续发展和跨国主义相关的理念?课程大纲开发体系、公开考试评估和高等教育招生、就业市场的劳动力招募等方面是否实现了平等、包容和宽容?(MGIEP 2017, pp. 27 – 28)

为实现联合国可持续发展目标 4.7，该项研究提出应当完成以下两项主要任务。第一项任务是对当下在可持续发展教育、全球公民教育、和平教育以及其他相关领域中涌现出的"优秀实践和做法"进行推广并扩大其规模，使其成为主流。第二项任务则更为艰巨，即努力转变主流的教育观念，使之与追求可持续发展保持一致。该项研究在审视了目标 4.7 及其深层次理念在亚洲各国的教育政策和教学大纲中的融入情况后，以量化数据的方式汇报了其研究成果，同时也审视了转变教育观念方面所面对的挑战，尤其关注中小学教育的课程大纲和教学内容（MGIEP 2017, pp. 8 – 9）。

研究方法

圣雄甘地和平与可持续发展教育学院主任阿南达·库玛尔·杜莱阿帕（Anantha Kumar Duraiappah）在该项研究的序言部分谈及方法论时，提出了目标 4.7 的主要指标：让全球公民教育和可持续发展教育成为教育内容和教学方法方面的主流。他谈到了主流化的两种方法——第一种"传统的"方法是把可持续发展教育和全球公民教育作为一门独立学科在课堂上进行教学，第二种"综合的"方法则是把相关的概念、原则和示例融入到现有的课程大纲和学科结构中去。该研究明显更支持第二种方法，并试图探索在现有的教育政策、课程大纲和传统学科科目中"是以何种方式来体现和展示可持续发展、和平、性别和人权的"（MGIEP 2017, p. vi）。

为进一步展开解释研究方法，该研究的研究人员分析了从 22 个国家收集来的教育政策和课程大纲文档（共计 172 份文档，其中包括课程大纲框架，以及四年级和八年级的学科课程大纲），并使用了一个共同的编码方案。除了像社会科学和历史这样的"载体学科"以外，他们还审视了像语言、数学和科学这样的核心学科。该份研究报告的比较研究部分着重量化了不同国家的政策制定者在多大程度上把联合国可持续发展目标 4.7 所蕴含的概念融入本国的教育政策和课程大纲中。通过这种量化，该研究报告呈现出了"量化和'测量'价值观和态度这一尝试本身"的局限性（MGIEP 2017，p. xvii）。"本研究旨在昭示联合国可持续发展目标 4.7 所包含的不同概念［例如，人权、性别平等、全球公民］在核心教育政策和课程大纲文稿中的普及程度和相对权重。"（MGIEP 2017）（p. xviii）

对研究问题和分析框架的概念化过程

联合国可持续发展目标 4.7 的用语直接影响了圣雄甘地和平与可持续发展教育学院项目研究报告中的研究问题的概念化构建和分析框架，这两者都被有意识地与该目标的用语进行关联。目标 4.7 的文本和潜台词塑造了该项研究的数据收集和分析的焦点。该研究从目标 4.7 的文本和联合国教科文组织对全球公民教育和可持续发展教育所开展的研究工作相关的能力中总结并构建出一份包含 14 项名目的编码方案(例如,知识、技能、态度、价值观、性格、行为和能动性)。

用于审视各国课程大纲和教材的 14 项编码包括:(1)可持续发展的经济维度;(2)可持续发展的环境维度;(3)良好的健康;(4)人权;(5)性别平等;(6)和平与非暴力;(7)全球公民的理据;(8)全球体系、结构和过程;(9)全球问题;(10)相互关联性;(11)认知技能;(12)态度、价值观和性格;(13a)横向技能;(13b)负责的生活方式;(13c)能动性;以及(14)"可持续发展教育、全球公民教育和其他教育"。最后的第 14 项明显是一揽子全包式类别,涵盖了所有其他类型的教育。当然,上述的其他 13 项彼此之间也并非完全没有交叉之处(MGIEP 2017, pp.31 - 32)。

该研究指出了自身所面对的一个限制:联合国可持续发展目标 4.7 的全球指标强调了全球公民教育、可持续发展教育及其相关话题应当在教育体系的四个组成部分中主流化的程度:(1)国家教育政策,(2)课程大纲,(3)教师教育,和(4)学生评估。但各国政府和教育权威机构通常并没有建立一条基准线来评估为达成目标 4.7 究竟应当取得多大的进展(出处同上)。

该项研究的研究目的在于建立一套基准来评估未来取得的进展。面对上文所提及的限制,该项研究在尝试上述任务时凸显了以下问题:由于一些目标缺乏概念清晰度和共识,给实施和监测那些朝着目标努力后取得的进展带来了巨大的挑战。显然,一些国家课程大纲教学目标并没有彻底理解目标 4.7 所涵盖的一些理念。这些理念中的一部分被当作附录添加到国家课程大纲中,而另一些甚至与国家教学目标有所冲突。圣雄甘地和平与可持续发展教育学院研究项目指出,"事实上,它们向我们提出了挑战,要求我们从本源上去重新思考和重新定义教育的目标。……深刻理解联合国可持续发展目标 4.7 这种转变思想的志向是一项艰巨而紧迫的任务"(MGIEP 2017, p. xvi)。

圣雄甘地和平与可持续发展教育学院项目研究成果的性质

该研究使用了一种编码方案,以"热图"(heatmap)的形式呈现其量化研究的研究结果,热图显示了上文所列举的 14 项名目在 22 个国家的课程大纲和教材中的分布和普遍度。普遍度的分布模式表明,上述国家的相关材料中出现的普遍度最高的是以下几个类别或不同项目下的子类别(具体请参见表 1)。

表 1　圣雄甘地和平与可持续发展教育学院 2017 年项目汇报的在 22 个亚洲国家最为广泛存在的与联合国可持续发展目标 4.7 相关的内容项目

编码项目	类别/子类别
1. 可持续发展的经济维度	人力资源发展;技能;知识经济;职业、工作、就业
10. 相互关联性	文化与传承
11. 认知技能	批判性思考;创造性思考

编码项目	类别/子类别
12. 态度、价值观和性格	（对待他人和环境）关爱、共情、对话、尊重和同情的态度；将国家视为身份认同的最优先参照物
13a. 横向技能	解决问题的技能
13b. 负责的生活方式	协作/与他人和睦共事/喜欢社交/合群；合作
13c. 能动性	参与/在本地、国家、全球层面的参与技能；积极公民权；公民参与；建设性地参与、社区服务，志愿者活动

来源：改编自 MGIEP 2017，p.44，Box 2.1

在对上述量化数据进行解读后，该研究项目总结道："在所调查的绝大多数国家都存在着一种激烈的，通常甚至是本国至上主义的做法，即在课程大纲中强调塑造本国身份认同，这对联合国可持续发展目标 4.7 所设想的基于'共通价值观'的公民教育理念提出了尖锐的挑战。"（MGIEP 2017，p.9）

该研究发现，与性别平等、和平和全球公民相关的概念在很大程度上并未出现在研究人员所审读过的国家教育政策和课程大纲材料中，只有个别例外。在技能和价值观领域，教育政策和课程大纲文档也极为强调具有以下特点的工具性的一面。虽然"批判性思考""创造性思考""问题解决技能""合作"和"共情"都有被提到，但政策制定者和教育家更着眼于这些特质在人力资源流动和经济竞争性方面的价值。

该研究还发现，一些地区性的趋势表明一些南亚国家着重强调了"性别平等"（该地区的有些国家在性别发展指数上排位较低），而中亚地区的一些国家着重强调了"公民自由"（全球民主指数把该地区的一些国家列为"威权主义国家"）。

整体而言，该研究指出了三个彼此交织的挑战：（1）工具主义——以狭隘的观点把教育视为生产人力资本以促进经济发展的手段；（2）民族主义和排外性的身份认同——强调民族—国家、民族自豪感和荣耀，贬低多元身份和多重身份；（3）竞争性和严苛的管理，并鼓励激烈竞争、文凭主义、精英领导体制——这会固化不平等性，因此会限制很多人的潜能得到发展，阻碍更为宽泛视野下的学习的实现（MGIEP 2017，pp.27-28）。

该研究在对观察结果进行总结时提到了各国教育体系普遍存在着的一些缺点，以及在更大的政治社会背景下，对教育目标的概念化的局限性很大，并且需要对意识形态理论假设重新进行评估。该研究对各国的国家教育体系对教育目标的表述、与之相关的指标以及各国国家教育事业的现状十分不满，因此主张如果想要达成全球社区公开宣誓且志在实现的这些理想，就必须对学校教育的根本目的"重新思考"（MGIEP 2017，p.xxii）。

在孟加拉国开展的道德伦理与价值观教育研究

1998 年以来,教育观察组织对一系列问题开展了调查研究——其中,绝大多数是关于教育运作的内容和方式。该组织发表的第 16 期年度报告(CAMPE 2018)以专题形式集中讨论了教育必须聚焦于道德伦理和价值观教育的原因——包括教育目的和教育精神。该报告的理论前提是教育的关键目标之一以及教育的真正精神,尤其是在学校教育中,在于帮助青少年在成长过程中形成道德指南针来指导自己的人生。

该研究团队在设计这项研究时提出了以下三个问题:(1)应当以何种方式来定义道德伦理和价值观——也就是说尤其在教育背景下,道德伦理和价值观的内容和范围是什么?(2)道德伦理和价值观的内容以何种方式反映在课程大纲和教学实践中?(3)联合国 2030 可持续发展目标 4,尤其是其中与教育目的相关的目标 4.7,对在学校教育中促进道德伦理和价值观教学的意义是什么?下文将讨论该项研究是如何回答上述三个问题的。

在教育背景下定义道德伦理与价值观

道德伦理和价值观教育研究团队首先进行了一次文献回顾并聚焦于以下相关主题:将宗教信仰作为道德和价值观的来源;从信仰转向理性思考并把思考作为道德和价值观的来源;道德发展理论;从世界价值观调查中收获的经验和教训;认知失调理论;通过联合国体系来建立人权和尊严的规范标准。该研究也审视了一些国家的国家公共教育体系是如何致力于应对道德培养和性格发展问题的(参见 CAMPE 2018, ch.2)。

该项道德伦理和价值观教育研究通过研读孟加拉国国家宪法表述的独立孟加拉国的建国原则,在孟加拉国的背景下探讨了伦理、价值观和道德教育。该研究分析了孟加拉国《国家教育政策》(于 2010 年由该国的国民议会表决后采纳)中对教育的整体目的和目标以及宗教和道德教育的相关表述;此外,该研究也审视了该国的小学和中学国家课程大纲中那些与道德伦理和价值观相关的教育目标。

该研究开发的研究工具包括:用于审读学前阶段、小学、中学以及正式教师培训的课程大纲和学习内容的指导原则;用于对与道德伦理和价值观教育相关的课堂教学、教学实践和学校环境进行观察的指导原则;用于与学校委员会成员、家长、教师和学生开展焦点小组访谈(FGD)的指导原则。此外,该项目的研究者还开发建设了一个社会调查工具来评估学生、教师和家长与生活情境相关的信念和行为。该研究旨在深入认识青少年以及从事能对青少年产生影响的工作的成年人的道德信念和道德行为的状态。表 2 展示了由关键研究议题和研究方法与工具组成的矩阵。

表 2　孟加拉国开展的道德伦理与价值观教育项目的关键研究问题和研究方法与工具的矩阵

关键问题	主要的研究方法	评价
1. 道德伦理与价值观教育的概念化及其在学习内容中的反映	专家小组使用指导原则来审核课程大纲和被选中的教材	被选中的课程大纲和被认定为与之相关的内容领域——尤其是语言、社会科学、宗教/道德教育；艺术与工艺品以及体育——都被收录进了大纲和教材
2. 教师培训和教师绩效中的道德伦理与价值观教育	专家小组使用指导原则来审核教师职前培训、在职培训以及教师绩效监督	审视了学前教育、小学、中学和伊斯兰学校的教师培训；检查了教师绩效评定标准及其运用
3. 道德伦理与价值观教育在课堂教学和学校教育中的实践	抽取几所学校进行调查研究，包括课堂观察	对包括学前阶段的小学、中学以及对等的伊斯兰学校进行抽样调查，得到了公众的支持
4. 校园文化与学校环境	结合学校访问和学校调查	抽取学校开展的抽样调查包括了合适的调查项目，并辅以运用了核查清单的学校访问。对包括学生自治会在内的课程辅助活动和课外活动给予了特别关注
5. 学校共同体的互动	与社区领袖、教师、学校委员会开展焦点小组访谈	在所抽样的学校内选取子小组并组织焦点小组访谈；由经验老到的研究者遵循指导原则来开展焦点小组访谈
6. 学生对道德伦理与价值观教育的认知与期望	与小学高年级学生、中学生和青少年（最近刚从学校毕业的青少年）开展焦点小组访谈	在所抽样的学校内选取子小组，并遵循指导原则开展焦点小组访谈
7. 评估青少年和对青少年产生影响的成年人的道德信念和行为	开发了一种评估工具来确定年轻人（抽样对象为 10 到 12 岁和 15 到 17 岁年龄段的青少年）以及包括学校委员会成员在内的家长在各种生活情境内的信念和行为	评估的目的在于试图洞察年轻人的道德信念和行为的状态。这种评估的成功依赖于开发出一种具有较高效度和信度的调查工具并成功实施该评估（此处使用了世界价值观调查项目开发的工具作为宏观指导）

来源：CAMPE 2018, ch.1

　　能否更好地构建这些研究工具以及将其用于回答研究问题，取决于能否清晰地定义和描述与学校教育活动相关联的道德伦理和价值观的话题领域。

话题领域的内在逻辑

　　道德伦理和价值观教育研究项目以批判的视角审读了诸多道德伦理和价值观发展理论，例如科尔伯格（Kohlberg）等人所提出的道德发展理论，以及世界价值观调查的深层次理论前提假设。该项目在完成了这一文献回顾后，对主题进行了分类并研究了这些主题的历史沿革方式。各国社会和教育体系在思考道德伦理和价值观的意义以及在教育实践中促进道德伦理和价值观教育等方面所做的努力，都有助于辨识哪些构成了价值观、伦理和道德的核心议题的主题和话题。这项研究的文献回顾也让我们有机会去了解政策制定者和教育家在过去曾以怎样的方式来试图解决这些议题（参见 CAMPE 2018，ch. 2）。

　　该研究为了能对各个主题和话题以逻辑上相互关联的顺序进行定位和排序,采用了一种社会动力学视角(Voas 2014)。每个个体从家庭、社区、文化、宗教和历史中汲取了特定的基本信念和态度,并且有意识地或下意识地将其内化于心,而这些构成了他们的核心信念集合,以及看待社会和世界的方式。这一组核心信念帮助个体构建了自身的自我意识,并且构成了一个人的自尊以及如何看待自己生活的周遭环境、世界和未来的基础。这些构成了信念体系的锚点,并会影响个体在今后遇到其他价值观和道德伦理问题时会做出怎样的判断和决定。

　　在自我这个范畴之外,一个人经常也以个人对个人的方式与他人开展交往。人际交往要求人们尊重和体谅他人,能认识到个体差异,能从他人的角度设身处地地思考,能尊重和认可所有人所拥有的生而为人的尊严。下一个层面的交互是个体与社会实体之间的互动,即在作为家庭、社区和国家中的一员这一背景下。此时,自我意识和人际交往拓展到了作为人类大家庭的一员以及作为全球公民这些理念。因此,道德伦理和价值观的领域应当从自我、人际关系、作为社区和国家的一员以及对人类大家庭的归属感这些角度来甄别和定义。

　　除了个体的身份认同和社会交往之外,还存在着另一些规范性的目标,这些目标拥有着共通的本质,并且各国社会往往会将其作为行为和行动的规范。该研究把这些规范也视为道德伦理和价值观的话题领域,其中包括:*建设公正和民主的社会;保护环境和地球;性别正义、规范和态度;以及对待儿童的态度*。道德伦理原则和价值观不应仅仅作为抽象概念,而是必须由那些宣称信奉并接受把这些道德原则作为行为指南的人,通过行动和参与来跟进。因此,第九个话题领域是关于行动和参与的。

　　该项目的研究团队、教育观察组织的技术委员会、该组织的顾问委员会一起在审读了伦理、价值观和道德教育相关的科研文献后,确定了这些话题领域的各自主题。

九个道德伦理和价值观教育话题领域

　　道德伦理和价值观教育研究项目提出了下列九个道德伦理和价值观的话题领域,并将其作为对道德伦理和价值观各项议题进行分类的基础,该研究团队从中推演出了此次科研的分析框架。

　　1. 个人信念和人类生存状况——人生的目的;精神性和对人类生存状况的概念认识;对人生和未来持积极态度;个人行为保持诚实、正直、拥有自尊;富有同情心,并能与他人共情;信任行为标准("任何值得做的事情都值得做好它");能够鉴赏并参与创造性的、艺术性的、美学的表达;致力于建设公平公正的社会。

　　2. 人际关系——尊重和接纳差异,相信所有人都应当拥有人权和尊严、认同互

相信任和共情。

3. *作为社区和社会中的一员、作为国家公民的责任——能够意识到公民的义务和责任；遵纪守法；促进和维护社区、社会和国家的共同利益；尊重社会上的多样性以及他人的多重身份；促进对残障人士及其他有特殊需求人士的社会义务；热爱祖国并认可本国的历史和文化。*

4. *作为归属于人类大家庭的全球公民的责任——尊重他国的文化和传统；促进全人类的人权和尊严；尊重和信任共通的人本主义价值观和规范；尊重国际法律和条约；回应和支持世界各地那些身处危机或危险中的人。*

5. *建设公正、民主的社会——公平、公正和包容；信仰、信念、言论和观点自由；法治社会；促进民主实践和行为；尊重少数族裔的权利和需求。*

6. *保护环境和地球——热爱自然，保护地球上的资源；平衡当代和未来世代的需求；以可持续的方式生活，保护生物多样性，防止虐待动物。*

7. *性别正义、规范和态度——性别公正和平等；杜绝性别歧视、预防性别壁垒以及基于性别的剥夺自由；在个人、社会、经济、政治角色上的性别平等；在艺术、文化和创新领域以公正的方式进行性别表征。*

8. *对待儿童的态度——对儿童应尽的社会义务，尊重儿童权利，保护儿童，倾听儿童；儿童与成人以相互支持的方式进行互动。*

9. *采取维护道德伦理和价值观的行动——以个人或团体的形式积极参与并支持和促进伦理规范和道德价值观的建设。*

上述道德伦理和价值观教育领域构成了一个分析框架，用于审视道德伦理和价值观是以何种方式体现在课程大纲和学习内容、课堂教学实践、学校环境、教师培训和教师绩效以及学生的知识、态度和行为中的。它们同时也成为了一种为研发工具做准备的基础，这些工具包括：为焦点小组讨论所设置的指导原则，为课堂观察、学校环境视察、教师绩效和学生学习评估准备的项目核对表。该团队通过对这些研究工具的多次试用，又进一步对这些研究工具进行了改良和优化。

教学内容和教学法中的道德伦理与价值观

该研究团队在开发审读课程大纲的指导原则时，把上述九个话题领域都纳入了考虑范围。该研究团队意识到不能用对待其他学术性科目的方式来看待道德伦理和价值观教育，在那些学术科目中，与认知相关的知识和技能更为重要（参见Curko et al. 2016）。该研究团队在开展了一系列由团队成员和被选中的受试人群一起参与的工作坊后，才最终开发出了审读用的指导原则，被选中的受试人群来自课程大纲开发及其在中小学层面的实施以及教师培训等领域。在准备起草这些指导原则的过程中，合著者审视了国际教育署（IBE）用于辨识各国的国家课程大纲中有哪些主题与联合国可持续发展目标4.7——尤指可持续发展教育和全球公民教育——相关的研究方法。该研究团队所研发的研究工具改编自上述国际教育署的研究方法（UNESCO IBE 2016）。为达成共识，也为测试这些指导原则的适用性，该团队的成员一开始先在一次工作坊中预审了选中的个别课程大纲和教材。这次预审帮助该团队意识到并尽力缩小了主观偏见，从而有助于为下一阶段的审读构建一套共通的标准。

该团队通过预审发现，道德伦理和价值观教育领域在一些主题领域中得到了更频繁的体现。该研究在选中的科目中确认了一些相关的教材和学习材料，其中包括孟加拉语、英语、艺术和手工艺、体育、孟加拉国和全球研究（学校层面的社会科学学科）以及宗教学（伊斯兰教、印度教、佛教和基督教）。该团队选取了上述学科的三年级、五年级、八年级、九年级和十年级的教材（其中，九年级和十年级使用相同的教材）来审读，将其作为中小学阶段教材的代表性抽样案例。此外，该团队还审读了小学教师教育文凭课程大纲和（针对中学阶段教师的）教育学士课程大纲，以此来审视在教师教育和教师培训方面以怎样的频率提及与道德伦理和价值观教育相关的概念。

该团队总计审读了 30 种教材和 82 份课程大纲材料，覆盖学前阶段、小学和中学阶段以及 2 份教师教育和教师培训课程大纲。通过上述分析方法，该团队旨在调查这些材料中以怎样的频率提及道德伦理和价值观教育的各个话题领域；通过这种研究，该团队检查并记录了对知识/技能、态度/情感、实践/行为的相对侧重。该团队在 10 所学校开展了课堂观察，以调查课堂教育是以何种方式反映课程大纲以及教材中与道德伦理和价值观教育相关联的内容的。

下文列出的表 3 呈现了每一个道德伦理和价值观教育话题领域各自的总频率和比例，显示了在学前阶段和中小学阶段的课程大纲和教材中对知识/技能、态度/情感、实践/行为的相对侧重。数据表明，在所有教育层面上的课程大纲和教材中最为频繁提及的是与道德伦理和价值观教育话题领域 1（个人信念和人类生存状况）相关的内容（共计 1849 次）。与知识相关的项目收获了最多的强调；几乎有 2/3 的项目都强调了知识/技能，1/4 的项目强调了实践/行为，但仅有 11% 的项目与态度/情感相关。该团队研究发现，道德伦理和价值观教育话题领域 3（作为社区和社会中的一员、作为国家公民的责任）收获了第二高的提及频率——在这些项目中，约有 59% 的项目强调了知识/技能，超过 1/4 项目强调了实践/行为，但仅有 14% 的项目强调了态度/情感。数据表明，道德伦理和价值观教育话题领域 8（对待儿童的态度）在选中的课程大纲和教材中是被提及次数最少的话题领域。所审读的材料中共计提及了 63 次，其中超过 3/4 的项目强调了知识/技能，1/5 的项目强调了实践/行为，而仅有 3% 的项目强调了态度/情感（参见 CAMPE 2018, ch. 3）。

表 3　道德伦理与价值观教育(本表格内简写为 EVE)各个话题领域在教学大纲和教材中的总体出现频率和比例一览;相对而言更侧重知识/技能、态度/情感和实践/行为

EVE 话题领域	知识/技能		态度/情感		实践/行为		总计	
	频次	%	频次	%	频次	%	频次	%
EVE 话题领域 1(个人信念和人类生存状况)	1180	63.82	196	10.60	473	25.58	1849	100
EVE 话题领域 2(人际关系)	50	61.73	11	13.58	20	24.69	81	100
EVE 话题领域 3(作为社区和社会中的一员、作为国家公民的责任)	291	58.79	70	14.14	134	27.07	495	100
EVE 话题领域 4(作为归属于人类大家庭的全球公民的责任)	111	64.91	21	12.28	39	22.81	171	100
EVE 话题领域 5(建设公正、民主的社会)	64	53.78	13	10.92	42	35.29	119	100
EVE 话题领域 6(保护环境和地球)	92	56.79	10	6.17	60	37.04	162	100
EVE 话题领域 7(性别正义、规范和态度)	47	72.31	8	12.31	10	15.38	65	100
EVE 话题领域 8(对待儿童的态度)	48	76.19	2	3.17	13	20.64	63	100
EVE 话题领域 9(采取支持道德伦理和价值观的行动)	39	15.17	69	26.85	149	57.98	257	100

来源:CAMPE 2018, ch.3

对课堂和教学法中出现的道德伦理与价值观教育各个话题领域进行反思

从课堂观察中收集到的数据为课堂教学中的道德伦理和价值观教育实践提供了信息。该团队从十所学校收集了这类数据,来调查研究教师是如何在课堂中贯彻课程大纲的。该团队在每一所学校选取了两个班级进行为期三天的持续观察。

该团队采用三角测量法对审读课程大纲和教材中收集到的数据进行了研究;此外,他们还开展了课堂观察和学校观察;与教师、学生和家长开展了焦点小组访谈;并且开展了一场价值观调查(参见下文)——所有上述研究方法都呈现在该研究报告的不同章节中。上述研究方法让以可视化的方式来观察研究结果成为可能,即读者可以从热图中直观地看出研究者由学生在校学习经历中各个组成成分相关的数据所做出的推论,然后在这种推论的基础上进一步辨认出学生在校学习经历的过程和结果中共有的主题。

价值观调查:学生、教师、学校委员会成员、家长的价值观档案

该项研究的研究目标之一是尝试理解在校学习经历是以何种方式促进年轻人意识到并投身于对道德伦理和价值观的学习。该研究团队开发出一种调查工具来帮助寻找这一问题的答案,并且在对小学和中学学生以及他们的家长和老师进行调研时使用了这一调查工具。该团队同样也在调研高等教育阶段的学生群体时使用

了该工具,这一群体的学生刚刚完成了高中阶段的学习并已进入大学接受高等教育阶段的学习。

价值观调查工具

这一价值观调查工具包含了 9 个话题领域下的共计 47 个项目(每个项目都是关于信念和价值观的相关陈述,要求受访对象回答认同或不认同这些表述)。其中一些陈述被放在了不止一个话题领域中;47 条陈述中有 25 条是向小学阶段学生(小学五年级)施测的,因此使用了更为简单的语言来进行表述和构建。

抽样方法

研究者从孟加拉国的 8 个行政区的每一个中都随机挑选一个学区,然后从选中的学区中再随机挑选一个乡(upazila)——这意味着研究者从孟加拉国的 500 多个乡中随机挑选出了 8 个乡。在被选中的 8 个乡中,研究者挑选了 32 所小学阶段的学校和 32 所中学阶段的学校。研究者使用了一种修正随机抽样流程来从选中的乡中挑选出这些学校,以确保城市—乡村的比例平衡(总共选中了 20 所乡村学校、8 所城市学校和 4 所伊斯兰学校)。然后从每所学校中随机挑选 20 位学生,其中包括 10 位男生和 10 位女生——总计选中了 1280 名学生参与此次调查,其中包括来自这 64 所教育机构的 640 名(20×32)小学生和 640 名(20×32)中学生。研究团队又用相似的随机抽样流程选中了 1252 名家长,其中也包括学校管理委员会成员以及 559 名教师。

孟加拉国项目的研究发现的性质

本文讨论的是孟加拉国项目的研究方法而非其研究结果,如对其研究结果感兴趣,读者可以自行阅读其研究报告。然而,本文依然会提及该项目的研究成果中一些有趣的方面,这些有趣的内容是在价值观调查工具的使用过程中产生的。

该研究在对受试者对每个话题领域的作答进行分类和整理后——对每一个话题领域中的每一个项目的回答都计算了算术平均数——得出以下研究结论:来自不同受试小组的回答中大约有 60% 聚集在积极的回答上。“积极”指的是受试对象的价值观定位是支持“一种面向未来的、进步的、基于理性的、先进的和科学的世界观,承诺认可全世界人民的人权和尊严,接受和尊重多样性以及他人的多重身份,保护自然和地球,建设荣辱与共的公正社会”,上述内容即为该研究报告对“积极”的定义和解释(CAMPE 2018, ch.1)。

另一个有趣的研究发现是关于有些人同时持有互相矛盾的信念——这种认知失调现象最早出自利昂·费斯廷格(Leon Festinger)提出的一种理论学说(Festinger 1957)。通过该调查工具发现了与 14 个项目相关的至少 7 对认知失调情境,这表明部分受试者同时持有逻辑上不一致的信念或观点。这 7 对认知失调包括：(1)"人生更宏大的目标"对"把发财致富作为人生第一要务"；(2)"支持诚实为上策"对"不计一切手段在考试中取得高分"；(3)"下辈子会更好(来世至上论)"对"需要以积极入世的态度对待今生，不要听凭神明的发落"；(4)"对未来有积极的预期"对"未能对自己从事的工作感到自豪"；(5)"尊重他人的多重身份"对"人类最重要的身份认同是基于宗教的身份认同"；(6)"让年轻人参与到保护生物多样性和自然资源中去"对"牺牲和放弃一些环保措施以确保经济发展"；(7)"保护在家中帮佣的儿童的人权和受教育权"对"支持对破坏了规则和违反了家长指令的儿童进行责骂和体罚"。

人生中存在很多道德两难困境，要求人们必须对其开展道德推理、做出道德判断以及在必要的时候做出牺牲。在这些两难情境中，认知失调可能会成为个体刻意地或无意识地放弃自己的道德责任的手段。为了能遵守道德规范，人们有必要认识到认知失调的条件和后果，学会有意识地应对这些问题，并为自己选择正确的行为方式。这显然对教育体系是一项重大挑战。

该研究将其提出的 16 条建议归纳在 4 个标题之下：(1)学习内容和教学法中的道德伦理和价值观；(2)校园文化中的道德伦理和价值观；(3)学校教学中的道德伦理和价值观的社会背景；以及(4)为关键行为主体——学生、教师和家长——的价值观建立档案的意义。在该项研究的结论中，该研究团队指出，支持教师发挥道德榜样的作用可以作为线索串联起诸多所推荐的道德行动。该团队进一步提出了一些建议，例如通过提升教师培训和教师支持的优先度来让教师更好地发挥道德榜样的作用。

对比上述两项研究的研究目标和研究方法

视角上的差异

上述两项研究的目标和焦点各有不同，其原因有三条：(1)圣雄甘地和平与可持续发展教育学院项目是一项对 22 个国家的比较性研究，而道德伦理与价值观教育科研项目仅关注了单一国家(孟加拉国)；(2)圣雄甘地和平与可持续发展教育学院项目与联合国可持续发展目标有直接的关联，其研究问题直接源自目标 4.7 的文本，而孟加拉国研究项目仅把目标 4.7 作为一个宽泛的框架用以定义教育目标，但在解读教育目标时更关注其与该国教育侧重点和政策之间的关联；(3)目标 4.7 作为圣雄甘地和平与可持续发展教育学院项目的研究焦点，从一种可持续发展的角度关注教育体系的宏观目标，并把道德伦理和价值观视为教育整体目标中的一个组成部分，而孟加拉国研究项目的研究问题更加具体地针对道德伦理和价值观教育，该研究从促进道德伦理和价值观的视角来审视学校和教育体系。事实上，正如上文所述，道德伦理和价值观并没有直接包括在目标 4.7 的文本中。

尽管双方的研究视角有所差异,这两项研究仍都在教育目标的非认知方面——教学方法和教师——遇到了共同的挑战,尤其是在定义和澄清教育目标及其对学习内容的意义上。上述两项研究同时都面临着以下这些议题的挑战:设置目标、计划和管理活动、定义指标以及评估整体学习结果的方法和方式(包括非认知式学习)。

上述两项研究的结论和建议既有差异也有一定程度上的互相交叠。圣雄甘地和平与可持续发展教育学院项目呼吁对学校教育进行思路更开阔的、转变思想式的重新思考。孟加拉国研究项目给出了一些具体的建议来促进道德伦理和价值观教育,以期能为教育体系的变革作出贡献。

分析框架

孟加拉国研究项目的道德伦理和价值观教育话题领域以及圣雄甘地和平与可持续发展教育学院项目的编码分类有着一定程度上的可比性,因为双方都为相应的科研提供了分析的透镜式视角。下表把这两项研究并置在一起(表4),这样或许会更有启发性。

表 4　对比孟加拉国项目与圣雄甘地和平与可持续发展教育学院项目的分析框架

孟加拉国研究项目——EVE 话题领域	MGIEP 研究项目——编码类别: 可持续发展教育主题和全球公民教育主题
个人对生而为人的道德伦理和价值观所持的理念	可持续发展的经济维度
人际关系	可持续发展的环境维度
作为社区和社会中的一员、作为国家公民的责任	良好的健康
作为归属于人类大家庭的全球公民的责任	人权
建设公正、民主的社会	性别平等
保护环境和地球	和平与非暴力
性别正义、规范和态度	全球公民导向和理据
对待儿童的态度	全球体系、结构和过程
采取维护道德伦理和价值观的行动	全球问题
—	相互关联性
—	认知技能
—	态度、价值观、性格
—	横向技能、负责的生活方式、能动性

MGIEP 列表中还包括另一个名为"可持续发展教育、全球公民教育和其他教育"的混合式类别,该类别与上述的其他类别之间多有重叠

来源:MGIEP 2017, p.32; CAMPE 2018, pp.xxv-xxvi

道德伦理和价值观教育话题领域是基于一种社会动力学逻辑(拥有自我意识/自我反省能力,与他人互动的社交圈逐渐扩大),而圣雄甘地和平与可持续发展教育学院项目的编码列表是基于联合国可持续发展目标4.7的文本中所列举的项目目

录。两者之间拥有一些共通的要素。圣雄甘地和平与可持续发展教育学院的研究视野更为开阔、系统、一致，构建了更长的编码项目的列表，并把环境/可持续发展话题和全球公民话题进一步细分为若干个独立的小项。孟加拉国道德伦理与价值观教育项目则更聚焦于道德伦理和价值观主题，并在话题领域中将其详加展开为几个独立的类别，以涵盖可持续发展教育和全球公民教育的不同要素。

事后看来，学习者对自身健康和福祉的关注以及他们虽不沉迷于此但想要获得成功的动机或许应当得到更多的强调和重视。圣雄甘地和平与可持续发展教育学院项目的项目列表更长，这导致该项目的编码出现了一些互相重叠的类别。然而，该项目的编码方案中并没有以显性的方式把伦理和道德问题列为一项能影响个体信念和行为的决定因素。

向学生灌输一种对人类生存更宏大的目标以及生活的精神维度的意识，以及创造出对人类生存现状的更深刻意义上的认识，都是教育界当下的热门议题，孟加拉国项目所开发的价值观调查问卷中的话题领域 1 确认了这些议题的重要性。孟加拉国项目尝试着探索这些问题；而圣雄甘地和平与可持续发展教育学院项目更局限于目标 4.7 的文本。

在定义、评估和执行教育目标方面的局限性以及遇到的共同挑战

笔者在对上述两项研究的局限性进行描述后认识到，在探索以何种方式来定义、评估和实践教育的基本目标的过程中会遇到诸多研究方法上的问题。上述两项研究所遭遇到的局限性源自主题的复杂性、其探索性质以及在有限的时间和资源下能使用的研究质询模式和研究方法，笔者将在下文中对其进行总结。

与教育目标以及研究目的相关的问题

孟加拉国科研项目对通过教育体系来促进道德伦理和价值观教育这一问题究竟意味着什么，有着非常明确的答案。参与此项研究的该组织技术委员会和顾问委员会的部分成员持实证主义立场。这意味着他们致力于辨认学校强调哪些道德伦理原则并鼓励学习者对其进行内化和培养这些品格。这一立场似乎在孟加拉国教育体系中的课程大纲目标和教学内容中占主导地位，同时在圣雄甘地和平与可持续发展教育学院项目所调查的那些国家中也是如此。

其他一些成员强调在教育体系中应当针对道德和伦理问题以及解决道德两难困境培养批判式判断、批判式思考和理性推断能力。这些成员持以下立场：他们认为让年轻一代在成长过程中意识到认知失调并培养出有意识地应对该问题的能力是非常重要的。但这一立场并不一定是"与价值观无关的"——比如说，这一立场并未假定世上没有什么可以坚守的道德和伦理原则，也没假定万事都是相对的、基于

特定情境的。

圣雄甘地和平与可持续发展教育学院项目的研究者指出，该项目所调查的 22 个亚洲国家对全球公民教育和可持续发展教育这两个概念的认识并不一定会指向完全共通的概念共识，尤其是在将这两个概念落实到教学内容和教学实践中时。该研究在对全球公民和可持续发展相关内容进行分析后发现"教育政策和课程大纲对这方面内容的呈现流于肤浅，仅限于提及（或未提及）这两个概念……"（MGIEP 2017，p.38）

上述两项研究都不得不应对国家教育体系中的一个常见问题——在课程大纲和教材的教学目标和教学内容中收录与道德伦理和价值观相关的内容明显只是在学校教育中促进上述目标的第一步。在教育体系中所遭遇的更宽泛挑战在于课程大纲究竟是以何种方式在学校教学中得到落实，以及相关教学内容是以何种方式被用来帮助学习者学习知识、技能和理解，并塑造他们的行为。

以学校为中心的局限性

这两项研究都把研究范围限制于隶属于公立教学体系的中小学机构。但这并不意味着学校是唯一能够帮助儿童获得道德导向、塑造儿童的性格以及培养儿童的其他非认知学习能力的场所。上述两项研究都谈及了学校、家庭和社区之间互动的重要性，但都把侧重点放在学校里所发生的一切。然而按理来说，学校、家庭和社区之间的接合在非认知学习方面，包括道德伦理和价值观教育，扮演着更关键的角色，但上述两项研究并未提及这一点。

质化研究方法以及对观点进行计数的局限性

上述两项研究的研究方法都依赖于对选中的课程大纲和课本内容中体现的话题和主题进行实证式列举和计数，这种研究方法只能用来找出相关文档材料中是否提及了某种话题，却无法用于调查这些单词或文本的深层含义或它们对学习者究竟意味着什么。

在孟加拉国研究项目中，对课堂教学和学校环境的观察，收集到的学生、教师和学校管理委员会成员/家长的观点都是该项研究方法中的重要组成部分。参与该项研究的研究者并不能排除一定程度上的主观性——这种主观性源自他们自身和受试对象——并体现在对学校是如何促进道德伦理和价值观教学的观察和认知中。该研究团队尝试使用价值观调查来构建受试对象的价值观和信念档案，但他们为此所做的准备工作、对各个项目的分类以及受试对象对不同项目的理解都不可能完全不含主观性。

立意抽样、研究用时、资源方面的局限性

孟加拉国研究项目对教育机构、学生、教师以及其他利益相关方进行了立意抽样而且样本容量相对较小。实际上，该项研究是否获得了有意义的研究结果还有待商榷。另一方面，圣雄甘地和平与可持续发展教育学院项目从各国收集来并审读的文档在篇幅、侧重点、内容覆盖面和深度上都有着更大的跨度和多样性。但囿于研究时长和研究资源，该研究将对课程大纲的审读限制在四年级和八年级的相关材料上，这有可能会影响研究结果的准确性。

研究团队的局限性

在圣雄甘地和平与可持续发展教育学院项目中，来自亚洲 22 个国家的评审团队的团队构成和个人能力、团队成员的严谨和勤奋程度以及他们分别负责处理的不同材料——都对研究结果的质量产生了影响。"一些国家给出的背景报告中的描述往往显得过分笼统，在报告的叙述中，倾向于对该国所取得的成就进行称颂和赞美。"（MGIEP 2017，p.41）作为补救，该项目的研究者邀请了学术界的专家以及其他有识之士来对国家数据进行同行评审。该研究团队表示："一些亚洲国家的当地研究者对本国教育体系的分析缺乏批判性，是因为以下两个原因：批判式教育研究在很多亚洲国家的社会中处于边缘状态，以及不敢发表对本国的国家教育政策的批评。"（MGIEP 2017，p.42）

上述两项科研的研究团队意识到了自身科研的局限性——其中一项聚焦于单一国家，而另一项对 22 个彼此差异巨大的国家进行了对比观察——这表明想要理解和分析教学内容是以何种方式与各国宣称的关键教育目标产生关联是一件非常困难的事。孟加拉国项目尝试通过审视教师是以何种方式把课程大纲的意图转化为课堂教学和学校教学实践来更深入地探索这一议题。同样，该项研究还试图通过使用一种价值观调查工具以及为学生和担任能够影响学生信念和行为的职务的成人构建价值观档案来更好地理解教育结果。这种更深层次的探索，让该项目得以就道德伦理和价值观教育问题的性质以及解决问题的方案得出了一些务实的结论。圣雄甘地和平与可持续发展教育学院项目开展的跨国研究则为教育目标的概念化及将其转化为教育政策和教育项目等更宽泛的议题提供了洞见。

结论

上述两项研究传递出的共通的关键信息有两点：（1）今后需要更多地关注与学习者的社交、情绪和道德发展相关的非认知式学习，作为对当下主流的学术为重、基于课程科目的学校课程大纲和教学法的有益补充——当下的大纲和教法更着重强调认知知识和技能；（2）为此，有必要从当下那种以教师讲授为中心的、规定性的教

学方式转变为一种让学习者更为积极地参与学习、让教师成为学习的促进者、让课外活动获得更重要的地位的新型教学方式。

　　圣雄甘地和平与可持续发展教育学院所发起的比较式科研项目聚焦于联合国可持续发展目标 4.7 中"内嵌"的概念和话题,并将它们归在两个核心主题之下:全球公民教育和可持续发展教育。孟加拉国研究项目聚焦于道德伦理和价值观教育,并把目标 4.7 视为这种教育更广泛的理论框架的组成部分。这两项研究都面临着下述问题:除了对(教育政策层面的)教育目标和学校课程大纲中出现相关话题的次数进行计数之外,该以何种方式来评估该领域中的教育实践?两项研究都把握住了教育的真正精神,从而更深入地理解教学内容中出现的这些话题是如何得到应对的,以及在课堂教学和学校教学中又是如何得到实现的。

　　孟加拉国科研项目对所抽样的课堂和学校环境进行了系统的观察,并与关键的利益相关方开展了焦点小组访谈。该项目在研究方法上创新地开发出了一种价值观调查工具,并为学生、教师和家长建立了"价值观档案"。这种价值观档案已帮助政策制定者和教育实践者深入了解通过学校教学体系来促进道德伦理和价值观教育所面对的现实挑战。

　　想要把孟加拉国研究项目的研究方法运用于跨国比较式研究将会是一项非常艰巨的任务。除了需要投入巨量的工作时间和资源以外,跨国研究还需要在对各国的国情进行分析的同时了解和掌握每个参与研究的国家对教育政策和教育议程设置的政治经济学视角的看法——这一点也是孟加拉国研究项目和圣雄甘地和平与可持续发展教育学院项目所强调的。

　　解决这种困境的另一种可能的方法是由不同国家的科研团队运用孟加拉国项目的研究方法,分别对本国开展独立的科研。随后对各国的独立科研所得出的研究结果进行元分析,这将帮助学术界更好地理解和认识该以何种方式把道德伦理和价值观作为国家教育体系中的关键目标之一,在学校中促进其教学。

（朱　正　译）

参考文献

Brookings Institution (2017). *Measuring global citizenship: A collection of practices and tools—Executive summary*. Washington, DC: Center for Universal Education, Brookings Institution.

CAMPE (2018). *Ethics and values in school: Capturing the spirit of education*. Education watch 2017 report. Campaign for Popular Education, Dhaka.

Curko, B., Feiner, F., Gerjolj, S., Juhant, J., Kreß, K., Mazzoni, V., & Strahovnik, V. (2016). *Ethics and values education: Manual for teachers and educators*. Prepared with support of European Commission. http://www. ethics-education. eu/resources/ManualTea-chers_EN. pdf.

Department for Education, United Kingdom (2012). Guidance on religious education (RE) and collective worship for academies and free school. UK Department for Education. https://www. gov. uk/search/all?keywords＝religious＋education&order＝relevance.

Festinger, L. (1957). *A theory of cognitive dissonance*. Stanford, CA: Stanford University Press.

MGIEP (2017). *Rethinking schooling for the 21st century: The state of education for peace, sustainable development and global citizenship in Asia*. Delhi: UNESCO Mahatma Gandhi Institute of International Education for Peace and Sustainable Development.

Schreiner, P. (2009). *Religious education in Europe: Situation and developments*. Lecture at Institute of Education, University of London. March 13, 2009. www. comenius. de/themen/ Religionsunterricht _ Religionspaedagogik/Religious _ Education _ in _ Europe _ Situation _ Developments_2009. pdf.

Tan, C. (2008). The teaching of religious knowledge in a plural society: The case for Singapore. *International Review of Education*, 54(2), 175－191.

UNESCO (2015). *Education 2030: Incheon declaration and framework for action*. Paris: UNESCO.

UNESCO (2017). *Global citizenship education: Topics and learning objectives*. Paris: UNESCO.

UNESCO IBE〔International Bureau of Education〕(2016). *Global monitoring of Target 4. 7: Themes in national curriculum frameworks*. Geneva: UNESCO IBE.

Voas, D. (2014). Towards a sociology of attitudes. *Sociological Review Online*, 19(1), 1－13.

WCED〔World Commission on Environment and Development〕(1987). *Our common future*. The Brundtland Commission report. WCED, United Nations. http://www. un-documents. net/ wced-ocf. htm.

专　栏

约旦两班轮流制中学的约旦籍学生和难民学生公民身份的社会本体存在:女生的视角

帕特丽夏·K.科布欧[*]

在线出版时间:2019 年 11 月 20 日

摘　要　约旦和黎巴嫩接收了世界上最大数量的叙利亚难民人口。为应对学校过分拥挤的问题,约旦实施了一种两班轮流制学校运营方式,让约旦学生在上午上课而叙利亚和其他难民学生在下午上课。本文的调研对象是来自安曼的三所全女生两班轮流制中学的 92 位阿拉伯裔青少年女生(包括约旦籍和阿拉伯裔难民),通过分析她们对就读学校所提倡的公民身份和公民话语的看法,以期能审视这些女生的社会本体存在视角。这些女生通过一系列复杂的身份标识来理解自身的本体存在,包括国籍、宗教、文化、种族特点(阿拉伯裔)、性别和发育阶段(青春期)。本次研究揭示了这些青少年女生的本体安全感根植于阿拉伯传统、伊斯兰身份以及约旦强调学生对当下的中东政治危机表态时必须坚持维护和平。本文基于实证,运用了定性研究法,并呼吁学术界今后对阿拉伯世界的年轻人开展更多公民身份方向的

---

　*　原文语言:英语

　　笔者在此特别鸣谢自约旦的年轻姑娘们与我分享她们对公民权责、身份认同和学校教育的看法。由衷感谢约旦教育部批准了我在贵国开展科研的申请,让我有机会拜访安曼的三所公立(政府办学)两班轮流制学校并开展调研。感谢各所学校的管理层、教师和教职员工帮助组织特定年级的学生参与本文的研究。衷心感谢我的三位口译员,她们陪我拜访了学校并担任口译工作;谢谢我的笔译转录员帮我把所有的数码设备录音由阿拉伯语转录为英语。最后,感激由美国国务院资助的核心美国福布莱特学者项目(Core Us Fulbright Scholar Program)让我的此次研究得以顺利开展。

　　帕特丽夏·K.科布欧(美国)

　　印第安纳大学教授,研究方向包括教育领导力、教育政策、课程大纲与教学。她主持的科研聚焦于民主建设以及公民教育,尤其是在撒哈拉以南的非洲和中东地区。因其对海外重建事业所作出的卓越贡献曾受到一位美国前总统的褒奖和认可,还因其对国际民主教育工作的贡献受到美国国际开发署(USAID)的赞誉。其科研成果荣获国际比较教育协会(CIES)、北美国际高等教育协会(ANAHEI)、美国教育研究协会(AERA)以及教师教育工作者协会(ATE)颁发的多项杰出科研奖励。她与人合编的教材《比较教育:探索国际语境下的议题》(*Comparative Education*:*Exploring Issues in International Context*)在世界各地都得到了广泛的使用。

　　通信地址:School of Education, Indiana University, W. W. Wright Education Building, 201 N. Rose Avenue, Bloomington, IN 47405, USA

　　电子信箱:pkubow@indiana.edu

科研。

关键词　公民身份　身份认同　阿拉伯裔难民　公立学校　中东地区

约旦是美国在中东地区的重要盟友，位于穆斯林、犹太教徒和基督教徒都视为"圣地"的交会之处，因此约旦的地理位置有着非常重要的战略意义。为了防备极端主义，美国和约旦两国都把维持约旦国内的和平和国土安全视为一种既得利益——如今的约旦是一个温和的阿拉伯国家，其 56％的人口处于 0 到 24 岁年龄段（World Factbook 2018）。然而对约旦籍青少年与难民青少年的公民身份的认识却是非常有限的。本文旨在探悉这些年轻人对约旦两班轮流制中学所推广的公民身份和公民话语持怎样的观点，以此方式来调查和审视这些阿拉伯裔青少年女生的社会本体存在视角。

约旦和黎巴嫩一起接纳了世界上最大数量的叙利亚难民人口（Yahya, Kassir, and el-Hariri 2018）。在约旦 950 万的居民中（其中，660 万为约旦籍，另 290 万为非约旦籍），大约有 400 万人口居住在约旦首都安曼（UN-Jordan 2019）。安曼是阿拉伯世界第五大城市，也是生活成本最为昂贵的城市（EIU 2017）。非常重要的一点是约旦人口中超过 70％未满 30 岁；其中 15 到 24 岁年龄段占全国人口的比率为 22％（UN-Jordan 2019），同时 0 到 14 岁年龄段的比率约为 34％（World Factbook 2018）。

联合国难民事务高级专员公署从法律的角度把"长期处境的难民"这一术语定义为一大群在寻求庇护的国家流亡了多年的拥有相同他国国籍的难民（UNHCR 2015）。身处约旦的难民经常不得不维持自己的难民身份，只拥有非常有限的权利，即使他们在这个国家已经生活了几十年。据人权观察组织（2016）估计，约旦国内约有 66 万已注册的叙利亚难民，其中 1/3 是 5 到 17 岁之间的学龄儿童和青少年。在约旦，83％的叙利亚难民并不住在难民营，约有 28％的叙利亚难民居住在安曼（Jordan MPIC 2015）。与伊拉克难民不同，叙利亚难民往往没有太多的金钱或财产且需要更多的社会救助，因此对教育资源和结构化教育的需求更大（UNICEF 2015）。据针对生活在难民营以外的难民的统计数据显示，只有 53％的叙利亚难民学龄儿童和青少年进入了约旦学校学习（UNHCR 2016）。

据联合国难民事务高级专员公署（2016）调查发现，导致难民难以融入社会的一个常见的障碍是难民收容国缺乏基础设施。因此，两班轮流制学校教育体系被视为一种低成本的解决方案，因为它可以通过把一个教学日拆成两班轮流上课来增加能够入学就读的学生数量（REACH 2014）。参加早班授课的约旦学生从早上 7 点开始上课一直到中午 12 点半。为难民学生开设的下午班的授课时间则为下午 1 点到下午 4 点半。约旦的公立学校仅允许约旦籍教师参与授课。尽管两班轮流制在一定程度上已经帮助解决了受教育机会不足和学校过度拥挤这两个问题，但随之而来的是难民收容国（此处指约旦）社区担忧所有学生的受教学时长都被迫缩短了

(REACH 2014)。约旦的两班轮流制学制也催生了时间上的隔离与区分(UNESCO 2018),来自两班轮流制学校的学生获得的受教育时长比普通公立学校的学生要短(Culbertson and Constant 2015;Human Rights Watch 2016)。更鲜为人知的是中东地区于公立(政府办学)学校就读的青少年的公民身份的社会本体存在——而侨居在约旦的叙利亚难民青少年人口的数量位居世界前列,学术界对他们的社会本体存在更是所知甚少。因此,对于约旦两班轮流制学校内就读的阿拉伯裔青少年女生的公民身份认同构成的调查研究是非常重要、有意义且适时的。

　　本体存在(ontology)一词来自希腊词源"onto"(存在)和"logia"(书面和口头讲述),其定义是客观存在的性质和关联(OECD 2006)。尤其需要指出的是,本体安全感指的是在生活事件中获得一种秩序感和延续感,以及个体有能力为生活经历赋予意义(Steele 2008)。本体安全感是非常重要的,因为在个体把自身的生活事件通过"不断发展着的关于自我的'故事'"纳入外部世界中的过程中,拥有"让特定的叙事持续进行下去的能力"对该个体的身份认同是至关重要的(Giddens 1991, p.54)。本体安全感这一概念尤其适用于研究在国际关系领域(参见 Mitzen 2006 和 Zarakol 2016)中各国在培养自我安全感(例如,自我概念)以及维护客观环境或地区安全(例如,国家安全)中扮演了怎样的角色。学界之前罕有把本体安全感这一概念运用于研究青少年的公民身份认同构成。

　　本文通过思考和研究阿拉伯裔青少年女生的公民身份认同,让青少年社会本体存在旨在为更宏大的有关约旦、中东地区乃至全球的公民身份、身份认同和教育的叙事作出贡献,以期能填补上述学术空白。笔者将在此处调用"厚实的能指"(Huysmans 1998, p.231)这一概念,作为本文的理论基础之一来调查青少年的社会身份认同。本文将探索受到权力关系影响的安全感(或缺乏安全感)是怎样影响约旦的公民身份认同构建的。"能指"指的是被用来代表潜在的概念或意义的符号或(被视为一个单词的)图像与形象。从笔者与 92 位阿拉伯裔青少年女生开展的焦点小组访谈中涌现出的身份认同能指,构成了一种泛阿拉伯身份认同以及渴求团结的存在本体叙事,此外受访的青少年还就约旦是否是一个对所有人都热情好客的"家园"以及约旦是否在妇女权利方面取得了显著进步等议题发表了自身的不同见解。本文的研究结果表明,约旦对和平与安全的强调以及约旦学校更重视阿拉伯传统(而非当下的阿拉伯)可能遏制了那些对约旦王国的完备公民权的社会批评。约旦籍女生和难民女生既强调了这些身份能指,同时也对这些身份能指有所质疑,这些身份标识的复杂交织塑造并构成了她们公民身份认同的社会本体存在——这些标识物包括了国籍、宗教、文化、种族特点(阿拉伯裔)、性别和发育阶段(青春期)。

公民身份叙事与学校教育

　　身份认同研究有着错综复杂的研究方法,其中一些持西方式理论观点,另一些则认为应该对西方式偏见进行批判。研究认为，个体是否认同社区以及社会机构——尤其是学校——被认为对培养年轻人养成受欢迎的公民品性是非常必要的。文化研究方法把身份认同看作天生的："个体并非做出决定让自己归属于一个社区，而是生来就是社区的一分子。"(Sant, Davies, Pashby, and Shultz 2018, p.48)精神分析学派认为，主观性是以对外部世界的认知以及与外部世界的对话为基础的，而这些"身份认同"是由想象、符号和现实领域所组成的(Lacan 1956)。学校作为国家的附属机构之一，在鼓励青少年养成对国家特定的理解以及塑造年轻人对自身的公民身份、身份归属、与他人的关联的观点上都发挥了重要作用。归属感是与社区密切相关的，一些个体会被社区接纳，而另一些则会被排斥在外(Sant et al. 2018)，或者用泰弗尔(Tajfel)和透纳(Turner)创造出的术语来分别命名为内群体和外群体(Tajfel and Turner 1986)。一些学者把身份认同视为人们构建出的一种用于理解世界的叙事(Benwell and Stokoe 2006)，并进一步认为身份是通过宏大叙事来进行构造的——宏大叙事指的是由社会机构所教授的意识形态知识，这些知识塑造了人们看待自身当下处境的方式(Lyotard 1979)，文中尤指年轻人。另一些学者则把身份认同解读为碎片化的、不确定的、相对的和易变的，后现代主义的自我拥有"多重身份"或"杂糅身份"(Sant et al. 2018, p.49)。后马克思主义理论把身份认同看作政治性的，通过斗争和抵抗来形成(Laclau and Mouffe 2014；Mouffe 2005)。尤其是后殖民主义理论家认为学术界现有的绝大多数身份认同理论是基于西方式假设和理论的，并且经常被武断地推广且用于代表所有类型的社会(Connell 2007；Darian-Smith and McCarty 2017)。

　　公民共和主义理论中的身份政治提倡以集体视角看待一个国家及其未来；另一方面，持共产主义立场的理论则在探索如何在应对多元文化政策时对那些归属感的理想模型以及文化隔离心存警惕(Sicakkan and Lithman 2005)。在主流公民权责理论的影响下，身份政治和归属感的主流叙事拥有一些共同的特征——其中包括它们对时间、空间和流动性的理论假设(Sicakkan and Lithman 2005)。这种理论通常认为，个体选择以国家、社区和家庭内的固定方式生活来成为公民，并且他们需要与他人彼此认同并获得归属感。西方公民权责叙事中的权利和义务提出了以下这种理论：把主权国家及其国民视为联系紧密的或拥有固定生活的，而把难民、游牧民族、无国籍人士和移民视为拥有杂糅的身份(Sicakkan and Lithman 2005)。尼牟库(Ni Mhurchú 2014)提出"相遇"这一概念或许可以为挑战主流叙事中那种把公民身份视为同质的、连贯的和统一的看法提供新的机遇。但作者想在此处指出，相反的情况也有可能会成为现实：难民青少年和侨居国的青少年之间的新的相遇也有可能会巩固和强化该主权国家通过其学校体系所推广的主流身份叙事。

　　尽管形式公民权往往与特定的国家疆域或国界相联系，国家认同则涵盖了一个人对民族—国家的认同感和归属感，与这个人是否拥有合法公民身份无关。本尼迪克特·安德森（Benedict Anderson）（1991）把民族—国家称为"想象出的社区"。国家的存在依靠其国民通过国家—身份认同叙事来理解自身（Kinnvall 2004），为实现文化复兴或文化延续往往会援引历史（Nandy 1995），并将其作为把身份和归属感合法化的基础（Sicakkan and Lithman 2005）。

　　在约旦，国家认同和公民权责一直以来都是充满争议的。即使是在近年叙利亚难民涌入约旦之前，约旦君主制的合法性长期以来依靠平衡约旦河东岸的约旦裔部落、西岸的巴勒斯坦人、伊斯兰教主义者、民族主义者的利益竞争来维系（Francis 2015）。哈希姆王族声称自己的家族血脉传承自先知穆罕默德，在丢失了位于汉志地区（现沙特阿拉伯地区）的圣城麦加的管理权后，哈希姆王族通过统治位于东耶路撒冷的伊斯兰圣城来维系自身政治和宗教的合法性（Kumaraswamy 2006）。1921年，英国在大叙利亚地区挖出了约旦河东岸，在此建立外约旦酋长国，将其作为英国帝国防御的一部分（Brand 1998），而在 1946 年独立后约旦又改名为外约旦哈希姆王国（Al-Mahadin 2004）。各部落曾积极地参与了约旦建立主权国家的过程，但正如阿隆（Alon）（2009）所警告的那样，"主权国家的构建不应与民族塑造混为一谈"（p. 150），因为在约旦个体的自我界定的核心标识依然是部落、地区和宗教信仰。哈希姆王室围绕着贝都因人部落构建了约旦的民族身份，贝都因人一直以来为约旦提供安保服务（Kubow 2010）。"其结果是，围绕着约旦公民身份的排他性一定程度上源自约旦河东岸的约旦裔竭力维持自身在约旦王国中的政治地位。"（Francis 2015，p. 18）近年来，一些部落领袖对国家的支持变少是因为哈希姆王室与政治上边缘化的巴勒斯坦精英进行协商（Francis 2015）、不断推进的城市化以及约旦河东岸农村地区的边缘化（Abu-Rish 2012）。

　　约旦人口中有 97.2% 是穆斯林，其中以逊尼派穆斯林为主，而约旦有 91% 的居民居住在城市地区（World Factbook 2018）。"东岸"约旦裔（又称 Transjordanians，约旦河东岸居民）与大多居住在城市中的巴勒斯坦后裔约旦人之间一直关系很紧张，东岸约旦裔指的是那些在 1948 年之前生活在约旦河东岸的部落，他们掌管着政府和公共事业部门；居住在城市的巴勒斯坦后裔约旦人占该国人口的比率超过 70%并主导着私营商业领域。一些主要的历史事件塑造了约旦不断变化的人口统计学特征。例如，以色列 1948 年的建国导致几近十万的巴勒斯坦难民涌入约旦（Gabbay 2014）。1950 年随着约旦兼并了约旦河西岸地区，约旦的人口构成再次发生变化，当时约旦国王阿卜杜拉一世为了团结约旦河东岸和西岸，"赋予了所有约旦河西岸居民完备的约旦公民权——学术界大多将这种人口数量估计为占 1948 年从以色列战火中逃离的 70 万巴勒斯坦裔中的 1/3 到 1/2"（Gabbay 2014，p. 3）。

　　1967 年约旦丢失了约旦河西岸的领土，1988 年约旦宣布中断与西岸地区的联系，这些都改变了约旦的公民权认定方式，让数以千计的巴勒斯坦后裔约旦人变成了无国籍人士（Gabbay 2014）。当一位父亲失去了自己的国籍，则他的子孙后代也会失去相应的国籍，无论他们在约旦曾经生活过多少年。对此，加贝（Gabbay）（2014）解释道："再次兴起的对约旦可能会被巴勒斯坦裔'吞并'的恐惧在很大程度上对社区与社区之间的关系造成了很大的损害。而要求国民服从约旦的现状或声明放弃自己巴勒斯坦身份的政策则注定会导致更大的分歧。"（Gabbay 2014，p.5）

　　尽管巴勒斯坦人在经济精英中占据了很大的比例，但他们中的绝大多数都被排除在约旦政府之外，同时对巴勒斯坦和叙利亚难民进入约旦施加入境限制则持续证明约旦东岸对约旦王国的政治和身份享有专断权（Francis 2015）。大量非约旦籍的个体——包括巴勒斯坦人、伊拉克人和叙利亚人，都以没有受到代表的二等公民的身份生活在约旦王国——"对未来的政治提出了问题，即哪些人有资格享有约旦公民权，并迫使人们对更有挑战性的问题开展讨论，即哪些人才能被真正视为约旦人"（Francis 2015，p.20）。叙利亚难民危机加重了约旦的经济负担，加剧了人们对资源和服务的争夺，这些都进一步导致了政治领域中的边缘化（Francis 2015）。东岸约旦人竭力维持对约旦身份的控制，而巴勒斯坦人则持续要求开展政治、社会和经济解放，穆斯林兄弟会寻求让伊斯兰行动阵线党在约旦获得更多的政治参与，该党是穆兄会在约旦的政治侧翼（Francis 2015）。

　　尽管约旦是《世界人权宣言》（UDHR）《儿童权利公约》（CRC）以及《经济、社会及文化权利国际公约》（ICESCR）的签约国，约旦依然能够限制非公民在公立学校就读或享有其他社会福利，比如免费或价格低廉的医保（Gabbay 2014）。

　　叙利亚战争导致约旦国内的经济斗争加剧。在此之前，约旦已遭遇了高失业率（19.2%）（DOS 2019）以及自然资源匮乏，包括面包在内的基本生活所需的商品的价格持续上升，这使约旦国内的生活水平进一步恶化（Aljazeera 2018）。2011年以来，大量叙利亚难民涌入约旦，"触发了约旦民众的深度焦虑，担心那些构成了他们自身的单一民族—国家[原文如此]的核心原则和身份认同感会遭到破坏"（Yahya 2015，p.10）以及会"威胁到约旦本来的人口统计学平衡，使之进一步偏向对东岸约旦人不利的方向"（p.12）。叶哈雅（Yahya）（2015）研究发现，约旦公众对难民抱持负面情绪，认为对方导致包括学校教育在内的约旦公共服务质量下降并加剧了就业竞争。据史戴夫（Stave）和希勒孙德（Hillesund）（2015）调查发现，近85%的约旦人认为不应该允许叙利亚人入境，65%的约旦人认为叙利亚人必须被限制在难民营中生活。

　　人们能在约旦感受到"与全球化有所关联的结构性不安全状况"（Kinnvall 2004，p.742），同时全球化造成的影响不仅局限于经济方面。约旦也为倡导叙利亚和平进程以及捍卫耶路撒冷身份认同付出了代价，位于伊拉克和叙利亚的一些极端主义分支组织对约旦的安全部队和情报人员造成了重大威胁。为了提防那些已经加入了伊拉克和叙利亚极端组织的约旦人可能会造成破坏，国土安全成了约旦国内最为密切关注的议题，并导致约旦在2014年制定、颁布了预防和打击暴力极端组织的国家战略（Al Arabiya English 2018）。

被迫迁移和劳工迁移对约旦社区身份认同的发展构成了很大的挑战(Brand 2010)。因此,公立学校教育被视为在勾连公民的身份以及培养青少年的本体安全感方面扮演着关键且持续的作用,帮助青少年适应自身的社会角色。在约旦,小学的入学年龄是6岁。约旦的中小学教育体系由三部分组成:为6到11岁儿童提供六年制小学阶段学习(1年级到6年级),为12到15岁年龄段的青少年提供初中阶段学习(7年级到10年级),以及为16到17岁的青少年提供两年制高中阶段学习(11年级到12年级)(FHI360 2018)。接下来,学生可以参加普通中等教育证书考试(*Tawjihi*)。约旦所有的公立学校都使用相同的教材——由约旦教育部编写和印刷——因此,约旦学生和难民学生接触到的是相同的教学材料。

约旦政府对围绕着巴勒斯坦身份认同的争论作低调处理,学校的教材更加关注伊斯兰的早期历史,并强调哈希姆王国及其皇室是先知穆罕默德的子孙后代,强调哈希姆家族族长谢里夫·侯赛因·本·阿里(约旦国王的高祖)在对抗奥斯曼帝国的阿拉伯起义中扮演了重要的角色(Kubow and Kreishan 2014)。尽管人口迁移对约旦的经济、政治和社会发展都产生了重大影响,但约旦的官方学校课程大纲中鲜有关注难民所带来的深刻影响的内容(Brand 2010)。例如,在2002年约旦国王阿卜杜拉二世·本·侯赛因陛下发起了约旦优先(*al Urdun Awalan*)倡议,呼吁学生不要太过关注地区性事务,比如担忧与巴勒斯坦相关的事宜,而应当致力于建设一个现代化的约旦(Adely 2007)。这一倡议鼓励培养学生对约旦的国家自豪感,以期能在民主和机遇的原则下团结整个国家并建立市民社会(Bacik 2008)。然而,民众缺乏参与约旦政治管理的机遇依然是约旦建设市民社会中的一个重大问题(Al Oudat and Alshboul 2010)。

2014年,科布欧(Kubow)和克里尚坎特(Kreishan)调查研究了约旦政府是如何通过在面向知识经济的教育改革(ERfKE)时期颁布国家公民课程大纲来推动约旦公民身份认同建设的。两位作者通过研究发现,这一杂交混合后的课程大纲既支持传统身份认同的文化标识,也在一些方面对政治自由化进行了鼓励。学校的课程大纲要求通过多门不同的课程向学生传授科学知识,学校教育重视讲授约旦宪法、伊斯兰阿拉伯传统、20世纪初的阿拉伯大起义以及约旦王国的建国经历(Kubow and Kreishan 2014)。

约旦公立学校5到10年级的学生每周上一次公民教育课。公民教育课的教材强调培养良好的公民意识,以期能促进和培养学生对约旦和对阿拉伯和伊斯兰国家的忠诚度和归属感,并通过开展社区志愿者活动增进学生与社会的联系(Touqan 2005)。阿莱西(Alazzi)(2012)研究发现,该国的中学生把公民权视为一种公民参与和义务,但并不认为它等同于一些政治权利,比如投票权。《供十年级学生使用的国家和公民教育课本》讲解了公民拥有哪些权利和义务,并谈及了妇女和儿童的权利与义务,政党所扮演的角色与宪法所赋予的自由,尊重和宽容,社会机构所扮演的角色以及保障国家安全的军队所扮演的角色(Ministry of Education 2005)。在很大程度上，约旦的国家课程大纲谋求培养学生效忠于该国政权和民族国家，只在很少的场合才谈及社会上不同人群之间的社会矛盾及其原因(Khader 2012)。

阿拉伯裔青少年女生的社会本体存在和公民身份认同标识物

青少年时期是人生中的一个重要发展阶段，在这一时期，形成了青少年的身份认同、期望和未来愿景(Erikson 1968；Hammack 2008；Lahmann 2018；Way 2011)。尽管针对国民身份的公民意识话语往往会谈及族裔特点、宗教以及归属感或被边缘化这些议题的重要性，却很少去思考与人生发展阶段以及性别相关联的身份认同彼此之间的交互(Lahmann 2018)。

因此，笔者想在此次研究中提出的问题是："生活在约旦的阿拉伯裔青少年女生是如何看待自身的公民身份的？"在本文中，笔者将使用一个名为"厚实的能指"(Huysmans 1998，p.231)的概念，并将其作为一种理论框架来审视那些创造出公民身份的安全感话语，以期能理解社会身份认同的构成(Kinnvall 2004)。本次研究的目的在于审视安全感(或不安感)作为中东地区权力关系和危机的产物之一，是如何在约旦两班轮流制中学中塑造年轻人的社会本体存在以及国家认同感的。这些青少年女生所持有的对民族、侨居国和学校的观点构成了她们的公民身份认同以及在社会中所扮演角色的基石。

对此次研究阿拉伯青少年女生的社会本体存在非常重要的一个理念是公民身份认同的源头不仅可以追溯至对时间和地区的分析性区分，也可以"追溯至一个人在祖籍地、出生地、居住地、过境地之间以及在过去、现在和未来之间彼此切换的心理流动性"(Sicakkan and Lithman 2005，p.208)。尽管这些年轻人并不拥有单一的身份，但她们确实一直在通过持续的努力确认自己的存在感和在世界上的定位，以此方式来为身份认同做出抗争(Browning and Joenniemi 2017)。西格尔(Sigel) (1989)解释道："在人类的内心中存在着一种强大的内驱力，让人想要努力维持自己的身份认同感，即获得一种延续感，用于减轻对太过迅速的变化或由外力所造成的违背人心本愿的被迫改变的恐惧。"(p.459)

将本体安全感视为一种厚实的能指意味着关注那些结构性不安全的条件是以何种方式与身份认同的情绪含义以及身份的流动性产生关联的(Kinnvall 2004)。通过"勾连"(articulation)的话语实践(Butler 1993；Derrida 1981；Hall 2015；Laclau 1990)所塑造的身份认同意味着共同的起源和共有的群体特征发挥着能指实践的作用来区分符号边界，这就需要有一种"构成的外侧"(Hall 2015，p.3)。换而言之，"因为身份有能力排除、隔绝、让'被排斥在外侧者'自惭形秽，只有在这一前提下身份才能发挥身份认同和归属感标识的功能"(Hall 2015，p.5，强调如原文所示)。面对冲突对立，可以通过提供稳定的对自身和他者的身份认同来促成本体安全感的形成(Browning and Joenniemi 2017；Mitzen 2006)，并且能够限制反思性和批判意识(Mälksoo 2015)。作为本文研究对象的这两类青少年，即约旦籍和难民青少年，她们与话语构建(discursive formations)之间的关系可以解读为一种她们与所遇到的规范性规则和调节性规则之间斗争和协商的论争过程(Foucault 1982；Hall 2015)。

研究设计：方法论与位置性

　　一个焦点小组(也被称为"团体深度访谈")通常由6到12人组成，有助于研究者理解这一小组对研究者所感兴趣的话题持有怎样的看法和信念。访谈主持人负责创造出一个友好的谈话氛围从而鼓励受访者分享彼此不同的观点(Krueger 1988；Morgan 1988)。焦点小组对从儿童和青少年那里获得研究数据尤为有用，因为同伴之间的互动往往能带来洞见，并让学生们有机会互相认可彼此的观点，或对观点详加阐发，或对刚刚听到的观点进行反驳(笔者过去曾在各种不同的国际语境下成功开展了多项青少年焦点小组活动，包括在南非[Kubow and Berlin 2013；Kubow and Ulm 2015]和约旦[Kubow 2010,2018；Kubow and Kreishan 2014])。此外，研究者可以非常迅速地召集起一个小组并迅速获得数据，这样对学校教学日程的打断也会更少。

　　在五个月的跨度内，笔者与92位阿拉伯裔青少年女生开展了十场焦点小组访谈(其中包括54位约旦籍女生和38位难民女生)，这些女生来自安曼两个教育学区的三所全女生中学(如下文的表1所示)。其中，第三所学校只在小学阶段对叙利亚难民学生开展教学。在该所学校就读的唯一一位叙利亚中学生属于例外。(因为本文着重关注中学生，因此从第三所学校的5年级和6年级叙利亚难民小学生中收集到的数据并不会在本文中进行讨论。)需要事先指出的是，参与本文调研的一些学生对叙利亚的直接认识非常有限，因为她们出生在约旦或已经在约旦生活了很长一段时间。在过去的四年间，约旦教育部在这些学校实行两班轮流制学制，以应对学校过分拥挤以及为难民提供教育这两个问题。在一个常规的教学周(从星期日到星期四)中，早班的约旦学生每天大约接受5.5个教学学时的学习；相比之下，下午班的难民学生大致每天接受约3.5小时的教学学时的学习。每所学校的总入学人数大约为平均1190位学生：其中包括850位约旦籍学生和340位难民学生。第一所学校从2015年开始实行两班轮流制教学；第二所和第三所学校从2016年开始实行两班轮流制教学。

表1　与阿拉伯裔中学女生开展的十场焦点小组访谈

焦点小组的组员构成	年　级	女生数量
第一所学校		
约旦籍	7—8年级	7
约旦籍	9—10年级	12

续表

焦点小组的组员构成	年　　级	女生数量
阿拉伯难民	7—8 年级	13
阿拉伯难民	10 年级	7
第二所学校		
约旦籍	9 年级	6
约旦籍	10 年级	7
叙利亚难民	7 年级	9
叙利亚难民	8 年级	8
第三所学校		
约旦籍和叙利亚难民	9—10 年级	11
约旦籍	9—10 年级	12

在每个焦点小组都会提出的常规问题有:(1)生为约旦人(或叙利亚人、伊拉克人等)意味着什么?(2)你认为哪些价值观、知识和行为是非常重要的?(3)生为阿拉伯人意味着什么?(4)你在学校里,从课本或老师那里,学到了哪些关于约旦(或叙利亚等)、关于约旦人身份(或叙利亚身份等)的知识?

在与难民学生开展的焦点小组访谈中,还追加了提问:(1)生为非约旦籍人士,你在学校和社会上有哪些生活经历?(2)你对约旦社会有归属感吗?(3)是什么让你觉得你对约旦有归属感(或没有归属感)?

参与访谈的 7 到 10 年级学生的年龄分布在 12 到 18 岁。就访谈对象遴选事宜,约旦教育部事先就已批准开展此次研究并通知了这几所学校的校长,随后由学校的管理方确认参加调研的班级和对此有兴趣的学生,这些被选中的学生会前往一个指定的学校教室参与焦点小组访谈。在每次访谈开始前,笔者会用阿拉伯语向学生大声宣读研究方案和研究目的,以此方式取得学生对接受访谈的许可。学生也可以对研究提出问题,并在参加焦点小组访谈的过程中选择回答或拒绝回答任何一个问题。

笔者认识到自身的定位是一位获得约旦教育部批准来开展此次研究的西方研究者,因此我觉得非常重要的一点是必须提前告知学生并不存在正确或错误的回答,而是我作为一个美国人渴望了解阿拉伯青少年看待公民身份和身份认同的视角和所持有的观点。我与她们分享了我的以下观点:政策制定者更愿意倾听年轻人的观点而非教师的观点,因为成年人被认为拥有自身的个人动机,而青少年则会讲出自己的心声。同时,我也清晰地意识到了此次研究的社会和政治背景情境,即难民危机在约旦的敏感性质以及美国与约旦的牵连,不同的人群和组织会以友好或不友好的视角来看待这些背景。作为受邀访问学校的客人,我也清晰地认识到将学生带离学习的时间不能超过与校方所约定的时长。第一所和第二所学校的校长并没有要求让任何成年人参加焦点小组访谈,但与之不同的是,第三所学校的校长似乎担心学生们会在访谈时说些什么,因此安排了一位助理校长参加每次的焦点小组访谈,这有可能会限制学生自由地充分发表自己的观点。

每一次的焦点小组访谈都用阿拉伯语开展,并用数字设备进行录音,时长控制在 30 到 60 分钟。由于笔者并非阿拉伯人而且阿拉伯语水平有限,因此笔者通过面试选择了三位阿拉伯女译员,她们陪同我参加了在学校组织的所有焦点小组访谈。她们通过交替传译把我提出的研究问题从英语翻译成阿拉伯语,再将学生的回答翻译回英语,这让问答双方都有机会要求对方补充说明或提出后续的探究式问题,虽然翻译的过程中很有可能会出现语义的差异。

为防止出现误解,笔者每次都会在焦点小组访谈开始之前与译员见面,和她们讨论此次研究以及将要提出的研究问题。在我抵达约旦前,所有的研究材料已经提前翻译成了英语和阿拉伯语两个版本并转交到口译员手中。焦点小组访谈中收集到的数据会被逐字逐句地从阿拉伯语转录为英语文本,这项工作由另一位约旦籍女性转录员完成,这位转录员的水平非常高超,她负责为数据检验增加又一层校对作为保障。我与每一位口译员和那位转录员每次都会在焦点小组访谈结束之后,举行单独的汇报会,这让我们有机会去从数据中开掘和发现那些在最初或许并不明显的语境意义和文化意义。

对本次研究中收集到的质化数据,笔者运用了埃斯纳(Eisner)(1997)提出的四阶段分析方法:描述(记录下受访者所说的话)、解读(分析受访者所说的话)、评估(把数据与文献关联起来)以及主题学研究(解释那些从数据中所涌现出的概念)。笔者还运用两位鲁宾(Rubin and Rubin)(2012)的理论来确定从受访者的回答中所涌现出的主位语码(例如,和平与安全感、约旦人的热情好客),以及从笔者对公民权责和身份话语的回顾中所出现的关键概念中确定客位语码(例如,民族身份认同、归属感)。此外,笔者还顾及了学生们所做的回答是以何种方式与她们同伴的回答趋同或相异(Charmaz 2005)的。这些女生的叙述让我有机会了解她们如何看待公民身份以及为什么她们持有这种观点,并在此基础上建立联系并察觉到不同个体在意指上的细微差别。

青少年身份认同的形成:发现和讨论

笔者在对从约旦籍学生和难民学生中收集到的数据进行分析后发现,共同构成青少年女生公民身份认同的本体安全感的五个身份标识物彼此之间存在重叠:(1)阿拉伯统一(Arab Unity),(2)约旦的和平与安全,(3)更强调阿拉伯的过去的课程大纲,(4)认为约旦是热情好客的并将其视为"家园",(5)女性权利。身份认同标识物——国籍、种族特点、文化、宗教和性别——之间的复杂交互一起构筑了正身处这一关键人生发展时期的青少年的社会本体存在。本文接下来的讨论部分将进一步展示阿拉伯青少年女生是如何看待自己过往的生活经历的并分析约旦提供的学校教育是如何促进或未能促进团结、归属感以及那些对她们的公民身份认同至关重要的权利的。

因为共有的过去、现在和未来而形成的阿拉伯统一思想

族裔认同——个体在多大程度上对一个特定的族裔群体产生认同——塑造了作为本文研究对象的青少年女生的社会本体存在。根据阿拉伯国家联盟的定义，阿拉伯人指的是生活在一个说阿拉伯语的国家并认同阿拉伯人民的期望与抱负的人（Reynolds 2007）。来自三所受访中学的约旦籍和阿拉伯难民青少年女生在谈及阿拉伯文明的悠久历史时都会表示大家拥有着相同的血脉，这反映了对一片古老大陆强烈的归属感（Sicakkan and Lithman 2005）。来自第二所学校的多位 7 年级叙利亚难民学生强调说："我们都是阿拉伯人，大家来自同一个国家"，因为"大家都归属于沙姆地区（黎凡特地区），拥有相同的习俗和传统"，尽管她们也意识到了约旦人和叙利亚人说着不同的阿拉伯方言。同样，一位来自第一所受访学校的约旦籍 8 年级学生也表述了阿拉伯统一的重要性以及对此理念的支持：

> 因为阿拉伯人生来就是一个民族，无论哪一个阿拉伯国家发生了任何事，约旦都必须在这件事中尽到应尽的责任。约旦人民与相邻国度的阿拉伯人民之间紧密相连。约旦人民支持巴勒斯坦人民，因为他们觉得自己与巴勒斯坦人民是同胞。

在第二所受访学校的 10 年级学生参加的焦点小组中，学生们（她们所有人都是约旦籍或巴勒斯坦籍）纷纷强调了阿拉伯人团结的重要性，把社会统一与和平比喻成一只手。这些年轻女孩说道，阿拉伯人的目标是保持"团结得就像一只手，（像手指那样）绝对不会互相发生内斗"。来自同一所学校的 9 年级女生解释道，强烈的阿拉伯身份认同感是通过语言、宗教、历史和共享的未来愿景来维系的。然而，来自第一所学校的 10 年级伊拉克和叙利亚难民学生则表达了以下担忧：她们学校的课程大纲只讨论阿拉伯统一，却只字不提由国际社区所造成的阿拉伯各国之间的分歧。一位叙利亚难民学生（7 年级，来自第二所学校）表达了相似的担忧之情，但同时也指出阿拉伯人自己内部有时也会发生冲突：

> 我们所有人都属于同一个阿拉伯民族。拥护统一并和谐共处是非常重要的。但逐渐有境外势力不断插手干预，动摇了阿拉伯的团结并制造了分裂。在叙利亚发生的这一切实在是太糟了。儿童们忍饥耐饿、奄奄一息。我们不希望看到这些事情的发生，我们更不愿看到未来再次有相似的事件发生。在不同的

阿拉伯人身上所发生的分裂和差异完全不是什么好事。我们痛恨所看到的这一切。（第七位女生）

　　关于受访的年轻人是否把自己视为阿拉伯世界的公民这一问题，一位10年级的约旦籍女生（第二所学校，第五位女生）回答道："当谈及被占领的巴勒斯坦地区时，我们把这一事件视为阿拉伯内部事务，我们不希望世界其他地区插手此事。阿拉伯人该为解决此事负起责任。"她的约旦籍同伴（第七位女生）进一步解释道："我们作为阿拉伯人喜欢紧密团结在一起，我们相信巴勒斯坦问题是阿拉伯内部事务。当巴勒斯坦的土地上燃起战火时，所有的阿拉伯国家都应当参与到捍卫巴勒斯坦的土地中去。"来自第二所学校的10年级约旦籍女生也谈到了阿拉伯人民的统一："我们同气连枝。无论发生任何事，你都能看到所有的人团结在一起捍卫家园[巴勒斯坦]。这就是亲如一只手的团结。"（第三位女生）来自同一个焦点小组的第二位女生用近期发生的一个例子来展开阐述：

> 如果一个人受伤了，每个人都会试图去帮助和支持她。如果耶路撒冷发生了问题，所有的约旦人都会团结在一起走上街头，通过游行去支持耶路撒冷。大学、工会和所有的人都会去参加罢工罢学以支持耶路撒冷。没有人会说："这与我无关。"

　　这位学生在谈论的是美国前总统唐纳德·特朗普承认耶路撒冷为以色列首都，并将美国驻以色列大使馆从特拉维夫搬迁到耶路撒冷一事。特朗普的这一决定引发了争议，因为以色列人和巴勒斯坦人都宣称耶路撒冷是自己国家的首都。美国所做出的这一决定被认为是违反了国际共识，对"一个暂且搁置且有待协商讨论的问题"过早地做出了草率的判断（Liebermann 2017, p. 1）。

并非全民拥有完备的约旦公民权背景下的和平与安全感

　　尽管相邻的国家都在经历大大小小的危机或战争，约旦却拥有令他国艳羡的和平，谈及这一点时，约旦学生感到非常自豪，阿拉伯难民学生则非常珍惜这种和平。在第一所学校邀请9—10年级学生参加的一场焦点小组访谈中，一位约旦籍学生表示，她的"职责是与所有人一起传播和平，无论别人拥有怎样的国籍，也无论对方来自哪里"。在下午班级就读的一位7年级的12岁伊拉克裔学生说："在当下，一个阿拉伯人的希望不在于挣大钱，而在于能够生活在和平年代。"来自所有焦点小组的约旦籍和阿拉伯难民女生都汇报说学校教育始终致力于强调和平的讯息，把约旦国王刻画为和平使者，强调平等理念，并且通过学校活动（例如，学生议会）帮助学生为将来的公民参与做准备。

来自第二所学校的一位约旦籍 9 年级学生(第三位女生)表示,约旦之所以推崇"安全和稳定是最为重要的"这一理念,是因为正如她的同伴(组内的第一位女生)所说:"我们的国家就是我们的未来,我们的未来就在这里。"来自第二所学校的约旦籍 10 年级学生们(她们祖上都是巴勒斯坦裔)都强调社会稳定和安全对约旦人而言是非常重要的价值观念。同样,来自下午班级的几位叙利亚 8 年级学生表示,学校教导她们维护约旦的和平和社会秩序是值得大家关注的最为关键的事项之一。

受访的阿拉伯青少年女生们更愿意把"好"公民定义为那些主动承担社会责任的人,而非那些强烈主张自身政治和社会权利的人。(本文之后将要讨论的妇女权利是一种例外。)约旦籍学生对自己身为约旦人而感到自豪是因为人们在约旦能够享有自由和学习的机遇。在第三所学校,10 年级的约旦女生谈到了人们需要通过不破坏环境、储蓄和不惹是生非等方式来尊重自己的祖国。当我继续追问她们如何界定"不惹是生非"时,一位约旦籍 10 年级学生引述不参加罢工罢学作为例子,因为她认为人们保持和平且不参加暴力抗议对国家的安全非常重要。在第一所学校,来自 9—10 年级焦点小组的约旦籍女生汇报说她们通过每天开课前的全校升旗大会,通过社会科学课程,通过社交媒体和报纸来了解和学习政治。在该焦点小组中,第四位女生表示,年轻人了解政治的方式"对我们而言是安全无害,没有危险的"。这一发言表明,学校在选择让年轻人接触到哪类政治学习这件事上是非常谨慎小心的。在绝大多数情况下,学校都很推崇志愿者活动,而不是那些可能会导致暴力和极端主义的政治活动。来自第一所学校的 9—10 年级约旦籍女生对自己的校长、社会科学课程的任教老师、英语课的任教老师都印象深刻,因为她们组织了很多国际项目来提升学生们表达自我的自信心,并且帮助她们更好地理解其他国家和文化,这些项目极大地培养了学生的创造力和兴趣爱好。这印证了吉登斯(Giddens)(1991)的研究发现,即青少年可从他们的学校教师那里获得本体安全感。

约旦王室"既是这个国家的象征,也是这个国家的代表"(Kumaraswamy 2006, pp. 64 - 65)。来自第一所学校 9—10 年级焦点小组的一位约旦籍学生(第五位女生)意识到了国王和总统在促成和平和安全中发挥了至关重要的作用,做出了以下发言,就好似她在与国家领袖交谈:"你们[指国家领袖]的手里可是握着很多人的身家性命。"与她同组的伙伴表示:所有居住在约旦的人都需要承担起向国家和国王效忠的责任。来自第一所学校 7—8 年级的约旦籍学生谈及了国王阿卜杜拉二世的仁慈,并大加赞赏了国王对年轻人的关注。来自同一所学校 9—10 年级的约旦学生为自己身为约旦人而感到自豪,因为国王"教会了我们如何成长为友好慷慨的人以及如何去接纳任何人"(第三位女生)。来自该焦点小组的学生纷纷表示,约旦国王的仁慈还表现在他始终强调和平并帮助年轻人培养协商和外交的技能:

我们的国王是如此伟大;他努力引导出并展示每一个人,无论是学生还是雇员,身上最好的那一面,这令我赞叹不已。我非常欣赏我们国王的这一理念:努力想要为我们提供最好的条件并给我们提供机遇。在我看来,我们国王所做的每一件事情都是正确的,从未犯过任何错。国王所做的一切都是为了我们所有人的福祉,为了公义。(约旦籍的第四位女生)

此外,来自第二所学校的约旦籍 10 年级学生提到了国王与其他国家之间的外交往来对保持约旦的国家安定也是非常必要的。

同样,来自第三所学校的约旦籍 10 年级学生强调说,阿卜杜拉二世国王非常关心年轻人,提了约旦的免费教育和国王发布的讨论文件(约旦规定年轻人必须接受义务教育直到 15 岁),以此作为证据来证明约旦国王非常强调年轻人是未来的建设者。2017 年,约旦国王发表了最新一期的关于民主改革的讨论文件(Abdullah II ibn Al Hussein 2017),该文件指出必须让年轻人成为变革的驱动者,帮助他们养成共有的宽容价值观念,通过学校教育来培养他们的好奇心和自我价值,把他们培养成为深深扎根于阿拉伯和伊斯兰身份认同的全球公民。来自第三所学校的约旦籍 10 年级学生也谈到了学生们在约旦国王学院参加模拟联合国活动,并在该活动中扮演各国代表讨论世界热点议题。(约旦国王学院由国王阿卜杜拉二世创立于 2007 年,是一所独立的男女合校寄宿制学校,设有 7 到 12 年级。该校坐落于马代巴—曼加,将美式文科理科教育与中东历史、语言、传统和文化价值观相互融合。在 2018—2019 学年,该校招生规模为 660 位学生——男女比例大约为 60 比 40——这些学生来自 40 个国家。2011 年,阿卜杜拉二世宣称:"创办这所学校一直都是我最为自豪的成就之一"[Abdullah II 2011, p.184]。)当我向学生们提问"在成为约旦人这件事上,国王教导了你们什么"时,她们回答道"变得勇敢并充满希望"。

非常重要的一点是,约旦籍学生更频繁地——篇幅更长地——提及和赞美了她们的国王,而难民学生往往在回答时更谨慎且有所保留,她们的回答更为宽泛,只是谈到了会在学校课程大纲的安排下学习有关约旦国王更迭的知识。

课程大纲对阿拉伯的过去而非当今阿拉伯的强调

当被问及下午轮次班级的学校课程大纲时,来自第二所学校的叙利亚裔 8 年级学生汇报称,学校更为强调学习约旦在历史上所取得的成就、约旦王国是古代阿拉伯文明的一部分以及约旦王室,但她们发现学校课程很少聚焦于当下情境下有关其他国家的信息。来自该校的一位叙利亚裔 7 年级学生直率地指出:"课程大纲里全然没有具体提到叙利亚。"(第八位女生)叙利亚裔 8 年级学生认同这一观点并补充道,她们学校的课本更强调法治、约旦宪法以及平等的概念。来自第一所学校 7—8 年级焦点小组(组员年龄为 12 到 17 岁)的难民学生汇报说,约旦的教育和课程大纲水平比叙利亚和伊拉克要高。来自第一所学校的 9—10 年级焦点小组的一位约旦籍学生（第四位女生）说，"在社会科学课上，我们读到了一个很长的段落介绍我们［约旦人］与叙利亚之间的关系是多么的紧密，以及我们的国王正在竭尽全力帮助叙利亚这个国家"解决战争所带来的问题。

当我问来自第三所学校的 10 年级约旦籍学生她们学习过哪些有关叙利亚的知识时，第七位女生回答说："学校告诉我们，叙利亚'问题'是阿拉伯的问题，而不是叙利亚本国的问题。我们必须帮助叙利亚，因为我们所有人都是阿拉伯人和穆斯林。"来自同一个焦点小组的另一位约旦籍同伴（第三位女生）附和道，学校教育她们要了解"如何帮助叙利亚人民以及约旦人民向叙利亚人民所提供的援助和所做出的牺牲"。当来自第三所学校 10 年级焦点小组的第一位约旦籍女生说"整个阿拉伯世界都很关注发生在叙利亚的危机"时，笔者进一步追问为什么阿拉伯世界应当关注叙利亚。来自同一焦点小组的另一位 10 年级约旦籍同伴（第五位女生）回答道："因为阿拉伯人有着相同的历史，并且分享着现在和未来。"这一说法印证和巩固了本文先前描述过的第一个主题。然而，来自第三所学校的约旦籍 10 年级学生中只有一位汇报说在她们学校的课程教学内容中学到了关于当代叙利亚的内容，而来自各个焦点小组的绝大多数约旦籍和阿拉伯难民女生都表示，关于叙利亚当前所面对的问题，学校并没有教任何相关的内容。

来自第二所学校的 10 年级约旦籍女生们表达了对两班轮流制教学学制的支持，因为这种学制"为叙利亚学生提供了学习支持和归属感的来源"，而来自同一所学校的 9 年级约旦籍学生并不喜欢学校这种对约旦学生和非约旦籍学生分开教学的做法。来自该所学校的 8 年级叙利亚女生们说她们更希望能够和约旦籍学生一起早上上课，而不是下午单独参加学习。尽管她们认可了学校教师所做出的努力以及对待她们的方式，但这些叙利亚 8 年级学生表示她们非常思念叙利亚以及她们自己的家乡、朋友、家人以及远房亲戚。来自所有焦点小组的约旦籍和阿拉伯难民女生一致表示她们的学校并不会谈论约旦或阿拉伯地区的政治。学生们将这一做法归因为约旦政府认为中学生太年轻了，并不适合讨论叙利亚危机。一些来自第二所学校的叙利亚女生感到纳闷：既然她们无力改变叙利亚的现状，那对叙利亚问题纸上谈兵又有何意义呢？来自第二所学校的其他叙利亚女生汇报说在学校的社会科学课程上，她们学到了批判性思维、宽容、有关（基于族裔或信仰的）歧视的议题。

来自第三所学校 9—10 年级焦点小组的女生们（其中，有十位约旦籍和一位叙利亚裔）对约旦抱持不同的情感。她们赞扬了伊斯兰文明在历史上对推动化学、物理和医学等科学领域的进步所作出的贡献，她们中的很多人也渴望能在毕业后为约旦作出贡献，无论接下来她们打算毕业后直接留在约旦还是出国进一步深造后回到约旦。然而来自该小组的一位约旦籍女生（第十一位女生）早前生活在迪拜，后返回约旦，在中学里受到了同学们的霸凌，因此对约旦没有归属感。她对自己在约旦的未来不抱希望，因为她所学的专业在约旦无法找到工作。她尤其不喜欢"waasta"体制——这个阿拉伯单词意为"掌权者给予提挈以换取支持的互惠互利"——它的字面意义是"从中斡旋",但此处它指的是"需要由中间人来充当公民和公务员之间的斡旋人"(Al-Mahadin 2004,p.27)。这种非正式的"朝中有人"体制,而非凭个人的努力和优势,令这位学生感到厌恶,她总结道:"我确信如果我留在约旦,那我绝不会成功。这里的文化不适合我。"

与这种说法相似的是,有九位来自第二所学校的叙利亚难民女生对自己在高中毕业后继续求学不抱希望,并表示她们的未来全都取决于今后那些不是她们能决定或控制的情况变化(即,战争和危机的未来态势)。来自第一所学校的七位来自伊拉克和叙利亚的 10 年级难民女生(年龄为 15 到 18 岁)表示,约旦籍学生让她们感到她们并不属于约旦。这些难民学生觉得让约旦籍学生和难民学生分不同时段学习的做法是带有歧视性质的。然而,她们也相信,相比其他阿拉伯国家,约旦能够以更快的速度取得政治和教育上的进步,并且,尽管大家说着不同的阿拉伯方言,她们依然期待约旦能在未来实现多元化。除了一位来自第二所学校的 8 年级叙利亚女生表示约旦人让叙利亚人觉得"宾至如归"以外,来自第一所学校 7—8 年级的一些难民女生则认为东道国有权利为本国公民保有一定的特权。

上述研究数据让笔者不禁好奇,出于和平和安全的目的(例如,保持地区安宁),难民在多大程度上被迫屈从并保持缄默,不去质疑各种议题。在笔者看来,约旦实现和平与安全的代价是让难民对完备公民权这一议题保持缄默,在当下这一权利仅赋予约旦籍公民和他们的子女。

认为约旦是热情好客的并将其视为"家园"

尽管家园、稳定和连续性有助于抵抗失落感、异化和无助感(Kinnvall 2004),在阿拉伯难民女生和约旦籍女生群体之间和各自群体内部就约旦可否被视为短期或长期的家园这一议题仍存在意见上的分歧。然而约旦籍女生们都认同以下观点:约旦愿意成为难民收容国这件事本身就是约旦所展示的热情好客。来自第一所学校的 9 年级和 10 年级约旦籍女生把约旦描述为"愿意让其他人也视其为家园"(第五位女生),尤其是逃离其他国家的战火和冲突的人。来自同一个焦点小组的约旦籍女生意识到"感到自己无家可归肯定不是一件易事"(第四位女生),这些姑娘解释道,对约旦而言,很重要的一点是成为一个愿意接纳各种人并在对方需要时提供帮助的友好国度。当被问及约旦是以何种方式培养对其他人群的接纳意愿时,一位来自9—10 年级焦点小组的约旦籍学生(来自第一所学校的第十位女生)解释道:"我们之所以愿意与所有人分享是因为我们相信我们应当与人分享,无论是指知识还是物质财富。这是我们的一种传统。"来自同一个焦点小组的另一位约旦籍同伴(第一所学校的第四位女生)就约旦人的热情好客详加分析了其历史、部族和文化先例与渊源:

让我们一起回顾一下往昔约旦人还住在沙漠中的帐篷里的时代。过去很多人也来自约旦以外的国家或地区。热情友好地招待来客，用咖啡和食物来招待他们，让他们感到宾至如归一直以来都是我们的传统。虽然他们用来招待客人的食物和物品并不贵重，但人们一直保持着这样的理念：应当让客人感到舒适和愉悦，并向他们展示我们国家和民族的友善。

来自第三所学校的约旦籍 10 年级学生也谈到了贝都因人一直以来有着热情好客的传统，对家庭、文化、宗教和学校有着强烈的认同，并形成了一种伦理，即应当关爱青少年并视学校为教导和巩固这种对青少年的关爱的场所。同样，来自第二所学校的第一个焦点小组的约旦籍 9 年级学生提及了约旦人把慷慨和友善视为价值观的组成部分，此外来自第一所学校的 7 年级和 8 年级学生表示诚实和照顾自己的邻居也是非常重要的。来自第一所学校 7—8 年级焦点小组的约旦籍学生表现出了非常明显的民族自豪感，她们提到了童子军在培养民族身份认同和民族责任感的过程中发挥了极其重要的作用。约旦籍的第三位女生在参加焦点小组的当天穿着她自己的童子军制服，向我们讲述了作为童子军成员以及参加学校每天早上的升国旗全校大会时的自豪感：

> 作为学校的女童子军成员，我将国旗图案穿戴在自己身上。因此每次看见国旗升起时，你都能够感受到由衷的自豪，但与此同时，你必须尊重国旗。同样，当你在参与升国旗仪式时，你也在通过"让祖国的旗帜在空中高高飘扬"的方式来效忠你的祖国。通过参加童子军活动，我们更加坚定了自己服务于祖国的信念和责任。

升旗仪式是以全校大会的形式在每天早晨轮次和下午轮次的教学的一开始举行的，这意味着难民学生同样也参加约旦国旗的升旗仪式。来自第一所学校 7—8 年级焦点小组的约旦籍女生说人们在约旦享有普遍的自由以及发表观点的自由，人人都应当遵纪守法；因此所有生活在约旦的人都有责任为国家服务并保卫国家。年轻人应当参与的社区服务的例子包括帮助穷人、伊斯兰斋月期间参与募集善款、探望病患以及帮助老人。正如该焦点小组的一位约旦籍学生（第四位女生）所说："当你在帮助社会时，你会觉得自己对社会有归属感。"

来自第二所学校的七位约旦籍女生（她们所有人祖上都是巴勒斯坦裔）觉得，约旦在向难民和战争受害者以及残障人士、孤儿和老年人提供帮助方面发挥了重要的作用。然而，来自三所学校的几位约旦籍女生表达了不同的观点：她们认为叙利亚人从约旦人手里抢走了"她们的国家"。来自第三所学校与约旦籍女生一起组成一个焦点小组的唯一一位叙利亚女生泪眼婆娑地讲述了每当有人把叙利亚难民描述

为心碎的并对约旦和其他难民收容国是一种负担时,自己都会感到悲伤和愤怒:

> 作为一名叙利亚学生,我在约旦接连转学就读了四所学校。我是四年前来到约旦的。我从未受到任何霸凌或社会排斥。我认识非常多伟大的约旦人。他们经常会问我是否感到心碎,但我总是试图向他们证明我其实一点都不觉得心碎。我们[叙利亚人]也有自己的思想,或许我们也能做到约旦人做不到的事。但因为在叙利亚发生了战争,我们有一点无助。有些人不喜欢和我产生交集。但我也是一个正常人,我也能做成其他人能做成的任何事。叙利亚人并没有被压垮或感到心碎。真正会让我们感到心碎的,是有人时不时告诉我们说我们一无是处而且什么事情都做不成。如今,叙利亚人已经遍布全世界并且证明了叙利亚人也可以获得成功并能够做成非常重要的事情。所以我想要告诉你,我们都是平等的人,我们和其他任何人一样也可以做成任何事情。

这位叙利亚学生是对我这么一位美国人说出上述这段发言的。国际社会认为叙利亚危机是由于收容了大量约旦难民,负担太重,她对此感到烦恼。

女性权利

尽管本文最初并未把女性权利单列为一个具体的问题来提问学生,但在十个焦点小组中有四个小组里都有阿拉伯裔青少年女生以很大的篇幅讨论了这一问题,这表明性别对塑造她们的社会身份认同是非常重要的标识物。来自第二所学校的叙利亚8年级学生表示她们在约旦学习到了有关妇女权利和妇女为劳动力市场作出贡献的知识。来自第一所学校的伊拉克和叙利亚10年级学生认为约旦妇女享有自身的权利并应追求职业发展,这帮助她们意识到女性的人生价值不仅仅在于嫁人。来自第一所学校7—8年级焦点小组的七位约旦籍女生对性别和妇女权利展开了讨论,几位女生就伊斯兰社会在过去和现在是否赋予妇女以权利这个问题的观点并不一致。一位约旦籍女生(第四位女生)表示:"在约旦,我们赋予妇女以权利。但在过去,妇女在社会中并不重要。如今妇女能顶半边天,和男性并肩而立,并且享有言论的自由权。"她的另一位同伴(约旦籍的第七位女生)强调说,伊斯兰教义赋予男性和女性平等的地位,但社会变迁在过去破坏了两性之间的平衡:

> 过去,伊斯兰教义赋予妇女以所有的权利,阿拉伯国家的妇女享有完备的权利。如果我们能坚持遵循伊斯兰教义的教导,那妇女就能享有所有的权利,但社会发生了变化。社会的结构已经发生了转变,现在的人们不再遵循伊斯兰教义的教诲——一些人更期望把自己的做事方式强加给整个社会。

当我问及在宗教和文化之间是否存在差异时,来自第一所学校 7—8 年级焦点小组的一位约旦籍学生回答说:"伊斯兰世界的妇女拥有自己的权利,但因为文化,[她们]未被赋予所有她们应得的权利。一些家庭会因为家里生了男孩而感到高兴。"她的约旦籍同伴(第三位女生)解释道:"在过去这些年里,很多权利都恶化了,而这影响了各地妇女的地位。很多妇女正努力团结在一起,致力于尝试通过网络和社团来让妇女的声音能被更多人听到,并主张妇女的权利。"同样,来自第一所学校 7—8 年级焦点小组的一位约旦籍学生(第五位女生)坚称性别不平等一直都存在而且影响恶劣:

> 女孩和女人的举止不能和男人一样;男女并不享有同样的自由。一直以来,很多家庭都在男人和女人、女孩和男孩之间做出区分并歧视女方。直到今天,你依然能够看到有些家庭因为生了女孩而感到不开心,因为他们更加青睐男婴。换而言之,生了女孩的家庭不如生了男孩的家庭那么开心。

来自第一所学校 7—8 年级焦点小组的约旦籍学生们继续她们关于妇女权利话题的讨论。其中一位学生(约旦籍的第四位女生)说道,性别歧视依然在约旦的一些落后地区存在着,这些地区居民的受教育程度较低。她的同伴(约旦籍的第六位女生)解释道,过去女子在年龄很小时就得结婚而且往往会生下很多孩子,但是现代妇女的婚龄推迟了,生的孩子也比过去少,而且可以离家外出工作。也有一些学生对妇女生育孩子数量的减少表达了担忧,认为约旦社会的发展需要"青少年一代来建设祖国的未来"(约旦籍的第五位女生),甚至有一位学生坚称:"多生孩子是在为祖国尽应尽的责任。"(约旦籍的第四位女生)

来自第一所学校 7—8 年级焦点小组的三位约旦籍女生(第一位,第三位和第七位女生)都相信男性和女性应该有着不同却互补的社会分工、社会角色、社会定位和职业选择。另一位(约旦籍的第二位女生)说需要由女护士"来照顾那些戴面纱的女性",因为她们中的一些人拒绝接受男医生的检查或男护士的看护。她的同伴(约旦籍的第一位女生)表示,约旦正在为改善妇女权利做出努力,虽有进步,但性别不平等的情况依然存在:

> 我相信在约旦存在一定程度上的性别平等。我母亲在驾校授课并且自己也驾驶汽车。很多年前,一些事情只有男子可以做,但现在情况已经有了很大的改善。我母亲离过婚,现在人们觉得这没什么问题[但在过去,人们把离婚视为一种社会耻辱],我母亲现在能享受自己的自由。有些父亲在离婚后,不愿意负起赡养女儿的责任,所以现在我们由我们的母亲来赡养,我们也不觉得这有什么不妥。

　　来自第一所学校的 10 年级叙利亚和伊拉克学生对约旦的妇女权利与她们祖国的妇女权利进行了比较。一位叙利亚学生(第三位女生)说在叙利亚,人们更关心"让女孩越早结婚越好",而约旦的"家长敦促他们的女儿一定要先[从高中]毕业,然后再考虑结婚"。在约旦,她见识到了已婚职业女性在家庭和职场上双丰收,而"在叙利亚或伊拉克,妇女只是丈夫们的家属,并不具备追求自己事业的自由"。她的伊拉克同伴(第四位女生)表达了认同,表示约旦社会"允许妇女拥有继续教育深造和追求职业发展的志向"。

　　尽管相比该地区其他国家的妇女,约旦妇女对政治和商业的参与度更高,约旦却有着中东地区最高的离婚率(Roya News 2017)。自从叙利亚发生冲突,约旦的离婚率持续上升,从 2011 年的 1 000 例上升到 2016 年的 21 969 例(Roya News 2017),因为一些约旦男性离婚后与来自难民群体的女子结为新夫妇。此外,约旦和叙利亚的公民身份法律只允许男性把自己的国籍传给自己的子女。因此,如果一位叙利亚父亲失踪、死亡或离婚了,而他的子女又无法拿出出生证明来证明自己的叙利亚国籍时,这些子女就很有可能会沦为无国籍人士。约旦本地的妇女权利活动家指责道,约旦的父权文化以及政策制定者更关心如果约旦成为了巴勒斯坦人的"备选家园",那么约旦将背上更沉重的财政负担(Human Rights Watch 2018, p. 4)。马哈丁(Al-Mahadin)(2004)认为,约旦通过维持传统的和部族的权力关系来中和和降低妇女的政治影响力,贬降妇女权利活动组织的影响并使之边缘化,以此来保障约旦的民族认同和主权。然而,由约旦的哈希姆王室和联合国设在约旦的常驻机构共同颁布的《约旦 2018—2022 年可持续发展框架》(UNHCR 2018)着重聚焦于青少年、妇女、贫困人口和叙利亚难民。

总结和建议

　　从与 92 位阿拉伯裔青少年女生开展的焦点小组访谈中涌现出的身份认同标识物,共同构成了一种泛阿拉伯身份认同和渴求团结的本体存在叙事,约旦籍和阿拉伯难民青少年女生就约旦是否对所有人都是热情好客的"家园"以及约旦是否在妇女权利方面取得了显著的进步这两个议题观点不一。在参加焦点小组的约旦籍和阿拉伯难民女生看来,阿拉伯各国之间的分歧和差异是令人不快的。对她们的社会本体存在而言,一种泛阿拉伯的身份认同是至关重要的,尽管它并非是对民族认同的一种替代。

　　一些学者,例如库马拉斯瓦米(Kumaraswamy)(2006),研究认为民族主义可能与阿拉伯和伊斯兰身份认同有所冲突,因为伊斯兰教把所有的穆斯林视为一个民族,并且超越个别国家的利益和领土边界。然而,参与此次科研的约旦籍和阿拉伯难民女生表达了一种非常强的阿拉伯身份认同感,而这种认同感是通过共有的语言

（阿拉伯语）、共有的宗教（伊斯兰教）、共有的历史（黎凡特公国）和共有的未来愿景（中东地区）来培养的。这些受访的女生表示，约旦的学校课程更重视讲解阿拉伯统一和约旦身份认同，但并不涉及由国际社会所造成的阿拉伯各国当前彼此分裂的原因。约旦的学校课程以很大篇幅谈论阿拉伯的过去，而非当下。

　　虽然约旦籍学生（与难民青少年女生不同）对约旦向巴勒斯坦和巴勒斯坦人民所作出的承诺和担负起的责任表达了强烈的认同，但约旦的公立学校教育更强调和平与安全。在绝大多数情况下，约旦的国家课程大纲更寻求培养学生对约旦王室和约旦王国的效忠，仅在极少数场合才提及不同族群之间的社会冲突及其成因（Khader 2012）。在本次调研中，来自安曼两班轮流制中学的阿拉伯裔青少年女生的确认可了一部分约旦国家课程大纲中表述的该国话语或立场。例如，约旦籍和阿拉伯难民女生都认为冲突会破坏和平与安全、国家发展以及她们自身的本体安全感。她们在调查中回答说，学校一直在教导她们要远离宗教极端主义和政治抗议，因为这些活动可能会导致暴力和国家不稳定。与之相伴的是，学校的课程大纲还以浪漫化的方式来解读约旦的过去及其温和的伊斯兰身份。约旦王室、政府与学校一起试图培育学生养成和平、宽容、互相理解的价值观，并且强调学生应该以合适的方式来进行社会参与——比如参加志愿者活动或者慈善捐赠——而不要去参加争取个体权益的社会抗议活动，但这么做的代价是难民很难获得完备的约旦公民权。根据其课程大纲的规定，两班轮流制学校（尽管这种学校因为在约旦籍和难民青少年之间制造了授课时间上的分隔而具有政治性）不会公开谈论中东地区或世界其他地方的政治。

　　约旦的公立学校教育对任何可能会损害该国稳定的因素都很关注，因为约旦作为难民收容国，既是帮助难民延续生活的桥梁，又充当了把极端主义拒之门外的屏障。该国对维持本体安全感的强烈执着可能会掩盖除了安全化以外的其他审视公民身份认同的方式（Browning and Joenniemi 2017）。由于"难民"标签的负面性和不适感以及随之而来的污名化，学校课程中鲜有提及当下中东的环境。参与本次调研的一些叙利亚难民学生实际上认为接纳她们的难民收容国选择这种行为也属人之常情，她们表示约旦人自然也想要为"自己本国的公民"保留本国公民才能享有的一些福利，这无可厚非。尽管参与本次调研的几乎所有约旦籍女生都对自己的未来发表了乐观的看法，但参与本次调研的大多数难民女生都认为自己的未来充满着不确定。

　　在约旦籍和难民青少年群体之间以及各自群体内部，对两班轮流制学校教学体系都持有大相径庭的看法——其中一些女生认为这一体制有助于社会融入，而另一些则认为它会导致社会排斥。一些难民女生甚至言辞尖锐地把两班轮流制的分时段教学方式称为歧视性的，而约旦籍女生往往选择对不同阿拉伯人之间的差异进行掩饰并且更喜欢谈论平等（例如，"我们所有人都是一样的；没有人是不同的"）。对妇女权利的关注也引发了受访学生就女性在多大程度上与男性享有平等的权利这一议题发表不同的观点。笔者通过调查发现,对生活在约旦的约旦籍和阿拉伯难民青少年女生而言,性别是一个有助于了解她们的公民身份认同构建的重要身份认同标识物。

基于本调查发现,笔者想进一步提出一个重要的问题:这种分时段教学的两班轮流制教育体系是否能用于培养所有居住在约旦的居民的社会归属感?基于本次的研究发现,笔者想为约旦的教育政策和实践提出以下三条建议:第一,通过听取和借鉴所有学生的生活经历和观点(即一个生活史项目)来邀请所有学生参与到对中东地区当下局势的思考中来;第二,强调每个个体的权利和责任,以此帮助约旦培养公民文化;第三,通过开展有意义的学校活动来为约旦籍和难民青少年之间的社会交往和互相学习提供机遇。

参加本次调研的约旦中学女生能否成长为有能力成功运用约旦公民身份相关的权力关系来进行公民参与的成年人,现在想要预言还为时尚早,但此刻她们的观点有助于填补一项空白,即有助于帮助学术界了解中东地区一个特定国家的那些形成青少年本体存在的公民身份标识物彼此之间的复杂交互,并且揭示了聚焦于约旦身份认同、阿拉伯统一以及约旦公立学校所推崇的和平与安全的公民话语。

(朱　正　译)

参考文献

Abdullah Ⅱ. (2011). *Our last best chance: The pursuit of peace in a time of peril*. New York, NY: Viking Penguin.

Abdullah Ⅱ ibn Al Hussein (15 April 2017). *Developing human resources and education imperative for Jordan's progress*. Discussion paper. The Royal Hashemite Court, Amman. https://kingabdullah.jo/en/discussion-papers/developing-human-resources-and-education-imperative-jordan%E2%80%99s-progress.

Abu-Rish, Z. (2012). On the nature of the Hashemite regime and Jordanian politics: An interview with Tariq Tell (Part 1). *Jadaliyya.com*. 11 August. http://www.jadaliyya.com/Details/26928/On-the-Nature-of-the-Hashemite-Regime-and-Jordanian-Politics-An-Interview-with-Tariq-Tell-Part-1.

Adely, F.J. (2007). *Gender struggles: Nation, faith, and development in a Jordanian high school for girls*. Unpublished dissertation. Comparative Education and Anthropology, Teachers College, Columbia University, New York, NY.

Al Arabiya English (2018, August 16). *Jordan pays price for advocating peace in Syria, defending Jerusalem identity*. http://english.alarabiya.net.

Alazzi, K. (2012). Students' perceptions of good citizenship: A study of middle and high school students in Jordan. *European Journal of Social Sciences*, 31, 223 – 230.

Aljazeera（2018）. *Jordan sees largest anti-government protests in years*. https://www. aljazeera. com.

Al-Mahadin, S. (2004). Jordanian women in education: Politics, pedagogy and gender discourses. *Feminist Review, 78*, 22 – 37.

Alon, Y. (2009). *The making of Jordan: Tribes, colonialism and the modern state*. London: I. B. Tauris.

Al Oudat, M. A. , & Alshboul, A. (2010). "Jordan First": Tribalism, nationalism and legitimacy of power in Jordan. *Intellectual Discourse, 18*, 65 – 96.

Anderson, B. (1991). *Imagined communities: Reflections on the origin and spread of nationalism*. London: Verso.

Bacik, G. (2008). *Hybrid sovereignty in the Arab Middle East: The cases of Kuwait, Jordan, and Iraq*. New York, NY: Palgrave Macmillan.

Benwell, B. , & Stokoe, E. (2006). *Discourse and identity*. Edinburgh: Edinburgh University Press.

Brand, L. A. (1998). Women and the state in Jordan: Inclusion or exclusion? In Y. Y. Haddad & J. L. Esposito (Eds.), *Islam, gender, and social change* (pp. 100 – 123). New York, NY: Oxford University Press.

Brand, L. A. (2010). National narratives and migration: Discursive strategies of inclusion and exclusion in Jordan and Lebanon. *International Migration Review, 44*, 78 – 110.

Browning, C. S. , & Joenniemi, P. (2017). Ontological security, self-articulation and the securitization of identity. *Cooperation and Conflict, 52*(1), 31 – 47.

Butler, J. (1993). *Bodies that matter*. London: Routledge.

Charmaz, K. (2005). Grounded theory in the 21st century: Applications for advancing social justice studies. In N. K. Denzin & Y. E. Lincoln (Eds.), *Handbook of qualitative research* (3rd ed. , pp. 507 – 535). Thousand Oaks, CA: Sage.

Connell, R. (2007). *Southern theory: The global dynamics of knowledge in social science*. Sydney: Allen & Unwin.

Culbertson, S. , & Constant, L. (2015). *Education of Syrian refugee children: Managing the crisis in Turkey, Lebanon and Jordan*. Santa Monica, CA: RAND Corporation.

Darian-Smith, E. , & McCarty, P. C. (2017). *The global turn: Theories, research designs, and methods for global studies*. Oakland: University of California Press.

Derrida, J. (1981). *Positions*. Chicago: University of Chicago Press.

DOS [Department of Statistics] (2019). Department of Statistics of the Hashemite Kingdom of Jordan. Amman, Jordan. http://dosweb. dos. gov. jo/labourforce/.

Eisner, E. W. (1997). *The enlightened eye: Qualitative inquiry and the enhancement of educational practice* (2nd ed.). Upper Saddle River, NJ: Pearson.

EIU [Economist Intelligence Unit] (2017). *Worldwide cost of living*. London: Economist Intelligence Unit.

Erikson, E. (1968). *Identity: Youth and crisis*. New York: W. W. Norton.

FHI 360 (2018). *Jordan: National education profile*. Washington, DC: Education Policy and Data Center. https://www. epdc. org/sites/default/files/documents/EPDC_NEP_2018_Jordan. pdf.

Foucault, M. (1982). The subject and power. *Critical Inquiry, 8*(4), 777 – 795.

Francis, A. (2015). *Jordan's refugee crisis*. Washington, DC: Carnegie Endowment for International Peace.

Gabbay, S. M. (2014). The status of Palestinians in Jordan and the anomaly of holding a Jordanian passport. *Journal of Political Sciences & Public Affairs, 2*(1), 1 – 6. https://doi. org/10. 4172/2332-0761.1000113.

Giddens, A. (1991). *Modernity and self-identity: Self and society in the late modern age*. Cambridge, MA: Polity.

Hall, S. (2015). Introduction: Who needs "identity"? In S. Hall & P. du Gay (Eds.), *Questions of cultural identity* (pp. 1 – 17). Thousand Oaks, CA: Sage.

Hammack, P. (2008). Narrative and the cultural psychology of identity. *Personality and Social Psychology Review, 12*(3), 222 – 247.

Human Rights Watch (2016). *"We're afraid for their future": Barriers to education for Syrian refugee children in Jordan*. New York, NY: Human Rights Watch.

Human Rights Watch (2018 April 24). *Jordan: Biased law leaves non-citizen children adrift*. https://www.hrw.org/news/2018/04/24/jordan-biased-law-leaves-non-citizen-children-adrift#.

Huysmans, J. (1998). Security! What do you mean? From concept to thick signifier. *European Journal of International Relations, 4*, 226 – 255.

Jordan MPIC [Ministry of Planning and International Cooperation] (2015). *Jordan response plan for the Syria crisis: 2016 – 2018*. Amman, Jordan: Jordan MPIC.

Khader, F. R. (2012). The Malaysian experience in developing national identity, multicultural tolerance and understanding through teaching curricula: Lessons learned and possible applications in the Jordanian context. *International Journal of Humanities and Social Science, 2*, 270 – 288.

Kinnvall, C. (2004). Globalization and religious nationalism: Self, identity, and the search for ontological security. *Political Psychology, 25*(5), 741 – 767.

Krueger, R. A. (1988). *Focus groups: A practical guide for applied research*. Newbury Park, CA: Sage.

Kubow, P. K. (2010). Constructing citizenship in Jordan: Global and local influences shaping the national narrative in the Education Reform for Knowledge Economy (ERfKE) Era. *World Studies in Education, 11*(1), 7 – 20.

Kubow, P. K. (2018). Identity discourse and Jordan's double-shift schools: Constructing nation and citizen in a Syrian refugee host state. *Global Comparative Education: Journal of the World Council of Comparative Education Societies (WCCES), 2*(2), 31 – 48.

Kubow, P. K., & Berlin, L. (2013). Democracy's rise or demise?: South African adolescent perspectives from schools in a Xhosa township. *Education and Society, 31*(2), 25 – 50.

Kubow, P. K., & Kreishan, L. (2014). Citizenship in a hybrid state: Civic curriculum in Jordan's Education Reform for Knowledge Economy era. *Middle Eastern & African Journal of Educational Research, 13*, 4 – 20.

Kubow, P. K., & Ulm, J. (2015). South African school children's voices on democratic belonging, being, and becoming. *Educational Practice and Theory, 37*(1), 19 – 44.

Kumaraswamy, P. R. (2006). Who am I?: The identity crisis in the Middle East. *Middle East Review of International Affairs, 10*(1), 63 – 73.

Lacan, J. (1956). *The language of the self*. Baltimore, MD: The Johns Hopkins University Press.

Laclau, E. (1990). *New reflections on the revolution of our time*. London: Verso.

Laclau, E., & Mouffe, C. (2014). *Hegemony and socialist strategy: Towards a radical democratic politics*. London: Verso.

Lahmann, H. (2018). "Afghanistan is a silent bird. But I am an eagle": An arts-based investigation of nation and identity in Afghan youth. *Harvard Education Review, 88*(3), 378 – 406.

Liebermann, O. (2017). Why declaring Jerusalem the capital of Israel is so controversial. *CNN.com*. 7 December. https://www.cnn.com/2017/12/05/middleeast/trump-jerusalem-explainer-intl/index.html.

Lyotard, J.-F. (1979). *La condition postmoderne: Rapport sur le savoir*. Paris: Minuit.

Mälksoo, M. (2015). "Memory must be defended": Beyond the politics of mnemonical security. *Security Dialogue, 46*(3), 221 – 237.

Ministry of Education (2005). *The national and civic education textbook for 10th-grade students*. Amman: Ministry of Education of the Hashemite Kingdom of Jordan.

Mitzen, J. (2006). Ontological security in world politics: State identity and the security dilemma. *European Journal of International Relations, 12* (3), 341 – 370. https://doi.org/10. 1177/1354066106067346.

Morgan, D.L. (1988). *Focus groups as qualitative research*. Newbury Park, CA: Sage.

Mouffe, C. (2005). *On the political: Thinking in action*. London: Routledge.

Nandy, A. (1995). History's forgotten doubles. *History and Theory, 34*(2), 44 – 66.

Ni Mhurchú, A. (2014). Citizenship beyond state sovereignty. In E. Isin & P. Nyers (Eds.), *Routledge handbook of global citizenship studies* (pp. 119 – 127). London: Routledge.

OECD [Organisation for Economic Co-operation and Development] (2006). *Glossary of statistical terms*. Paris: OECD. https://stats.oecd.org/glossary/about.asp.

REACH (January 2014). *Evaluating the effect of the Syrian refugee crisis on stability and resilience in Jordanian host communities*. Geneva: REACH. www.reach-initiative.org/wp-content/ uploads/2014/02/jeffrey. frankens-10022014-093154-REACH-FCO _ Syrian-Refugees-in-Host-Communities_Preliminary-Impact-Assessment. pdf.

Reynolds, D.F. (2007). *Arab folklore: A handbook*. Westport, CT: Greenwood Press.

Roya News (2017). *Jordan's divorce rate sees steep increase*. 23 October. http://en.royanews.tv/ news/11987/2017-10-23#.

Rubin, H., & Rubin, I. (2012). *Qualitative interviewing: The art of hearing data*. Thousand Oaks, CA: Sage.

Sant, E., Davies, I., Pashby, K., & Shultz, L. (2018). *Global citizenship education: A critical introduction to key concepts and debates*. London: Bloomsbury Academic.

Sicakkan, H. G., & Lithman, Y. (2005). Theorizing identity politics, belonging modes and citizenship. In H.G. Sicakkan & Y. Lithman (Eds.), *Changing the basis of citizenship in the modern state: Political theory and the politics of diversity* (pp. 197 – 225). Lewiston, NY: Edwin Mellen Press.

Sigel, R. (1989). *Political learning in adulthood*. Chicago, IL: University of Chicago Press.

Stave, S.E., & Hillesund, S. (2015). *Impact of Syrian refugees on the Jordanian labour market: Findings from the governorates of Amman, Irbid and Mafraq*. Geneva: International Labor Organization Regional Office for the Arab States and FAFO Institute for Applied International Studies. http://www.ilo.org/wcmsp5/groups/public/—arabstates/—ro-beirut/documents/ publication/wcms_364162.pdf.

Steele, B.J. (2008). *Ontological security in international relations: Self-identity and the IR state*. London: Routledge.

Tajfel, H., & Turner, J.C. (1986). The social identity theory of intergroup behavior. *Psychology of Intergroup Relations, 5*, 7 – 24.

Touqan, K. (2005). *Civic education in Jordan: Developing active citizens to advance peace and stability*. Ninth Annual International Congress, 2 – 7 June. Amman: Jordanian Center for Civic Education.

UNESCO (2018). *Global education monitoring report 2019: Migration, displacement and education: Building bridges, not walls*. Interactive PDF, 1 – 434. Paris: UNESCO.

UNHCR [United Nations High Commissioner for Refugees] (2015). *World at war: UNHCR global trends forced displacement in 2014*. Geneva: UNHCR.

UNHCR (May 2016). *No more excuses*. Policy Paper 26. Paris: UN Refugee Agency (UNHCR) and the Global Education Monitoring Report (UNESCO). 1–12. https://unesdoc. unesco. org/ ark:/48223/pf0000244847.

UNHCR (2018). *Sustainable Development Framework in Jordan 2018–2022*. Amman: Government of the Hashemite Kingdom of Jordan and the United Nations system in Jordan. http://jo. one. un. org/uploaded/publications_book/1525335438. pdf.

UNICEF (March 2015). Access to education for Syrian refugee children and youth in Jordan host communities. *Joint Education Needs Assessment Report*, Education Sector Working Group. Amman: UNICEF. https://reliefweb. int/sites/reliefweb. int/files/resources/REACH_JENA_ HC_March2015_pdf.

UN-Jordan (2019). About Jordan. *United Nations: Jordan*. Amman: United Nations. http://jo. one. un. org/en/about-jordan/.

Way, N. (2011). *Deep secrets*. Cambridge, MA: Harvard University Press.

World Factbook (2018). *The World Factbook—Jordan*. Washington, DC: The Central Intelligence Agency. https://www. cia. gov/library/publications/resources/the-world-factbook/geos/jo. html.

Yahya, M. (2015). *Refugees in the making of an Arab regional disorder*. Washington, DC: Carnegie Endowment for International Peace.

Yahya, M., Kassir, J., & el-Hariri, K. (2018). *Unheard voices: What Syrian refugees need to return home*. Washington, DC: Carnegie Endowment for International Peace.

Zarakol, A. (2016). States and ontological security: A historical rethinking. *Cooperation and Conflict, 52*(1), 48–68. https://doi. org/10.1177/0010836716653158.

案例/趋势

欧盟与美国的语言教育：矛盾与相似

吉尔·V.杰弗里　　凯瑟琳·范·比尼根[*]

在线出版时间：2019 年 6 月 1 日
©联合国教科文组织国际教育局 2019 年

摘　要　全球范围内,学校体系越来越受到语言多样化人口的影响,与此同时,发展跨文化交流能力对于全球化经济变得至关重要。这些趋势表面上看似互补,但通常处于对立面,这在全国范围内教育政策的内容和实施上充分体现了出来。鉴于学校体系运转的地缘政治环境不同,政策制定者在面对提供语言教育的挑战方面,包括如何制定目标、如何设计课程以实现这些目标,存在着千差万别。本文对这些差异进行了跨欧美大陆调查研究,揭示出欧美在诸多目标方面,如融合移民人口、缩小历史成就差距、促进跨文化理解、发展多语种能力,存在着相似的矛盾。为探讨这些矛盾与相似的涵义,本文比较了美国和欧盟的语言教育,并以荷兰作为典型案例。

关键词　语言教育　教育政策　语言课程　多语种教育　比较教育

国际上,如何促进来自不同移民背景的学生融合,同时让他们为参与全球化经济做好准备,在这一问题的有关政策讨论中,语言教育占据了主体地位。尤其在以

＊　原文语言：英语

吉尔·V.杰弗里(荷兰)

莱顿大学语言学中心副教授。主要关注中学环境下的写作教学、学习、评估和发展,借鉴社会建构主义理论,强调权威机构在写作学习中的作用。于 2016 年来到欧洲之前,她的研究主要集中在美国的政策和实践上,首先在其博士论文(纽约大学)中关注书面作文,该论文得到了卡内基奖学金的支持。她最近的研究侧重于跨国比较,旨在阐明如何通过创新政策和研究更好地支持语言发展。

通信地址：Leiden University Centre for Linguistics, Leiden, The Netherlands
电子信箱：j. v. jefery@hum. leidenuniv. nl

凯瑟琳·范·比尼根(荷兰)

阿姆斯特丹大学应用语言学博士。其研究包括指导性第二语言学习、第二语言写作、反馈在语言学习中的作用、多语言课堂中的语言教学以及教师专业发展。目前在应用科技大学乌得勒支学习与创新研究中心担任高级研究员。还担任阿姆斯特丹应用科学大学教育学院高级讲师。凯瑟琳是《第二语言写作》(*Journal of Second Language Writing*)期刊编辑委员会成员,《荷兰应用语言学期刊》(*Dutch Journal of Applied Linguistics*)编辑。

通信地址：HU University of Applied Sciences Utrecht, Utrecht, The Netherlands
电子信箱：catherine. vanbeuningen@hu. nl

持续不断的移民模式和全球经济为标志特征的欧盟和美国环境中,为了让语言和文化多样化的人群为国际性工作和教育环境(目标是流动性)做好准备,同时锻炼他们的跨文化能力(目标是融合性),在如何调整教育目标上,教育体系面临着越来越大的挑战。纵观这些不同的教育环境,语言教育的起因、内容和方式呈现出千差万别,但对语言教育政策规划和开展实施上存在的跨国差异却鲜有探究。因此,本文比较了美国和欧盟如何制定语言政策;追溯了荷兰这个以高水平多语种著称的欧盟国家的政策和实践的关系。这样情境化分析,旨在为语言教育政策的制定和项目设计提供借鉴,以便更好地满足多语种全球背景下所有学生的需求。

荷兰,也是我们作为语言教育者和研究人员的所在地,鉴于其多元化、多语种人口,对于考察语言教育,尤其具有吸引力。荷兰拥有高度的文化和语言的多样性。22%的荷兰人口具有移民背景(CBS 2016),在大城市(如阿姆斯特丹、鹿特丹、海牙、乌得勒支),移民比例甚至更高。例如在阿姆斯特丹,这一比例为52%(Gemeente Amsterdam 2016)。荷兰的多语种水平在欧洲也是最高的:据称绝大多数荷兰公民(94%)除了母语(第一语言)之外还能说至少一种语言,77%的人至少能够使用另外两种语言(第二语言和第三语言)交流(European Commission 2012)。此外,荷兰由于疆土小,在一个全球性竞争的经济和教育环境中,随着英语变得越来越重要,培养青年跨文化、跨语言交际能力的必要性则更显突出。例如,尽管在荷兰以及其他一些地方,对英语在高等教育中的增长存在一些抵制(参见 Bothwell 2016;Huygen 2017),但与欧洲其他国家相比,荷兰大学提供的英语学术课程的比例特别高。荷兰高等教育国际交流协会(Nuffic)(2015a)及荷兰的《人民报》(Volkskrant)(2016)称,荷兰14所研究型大学中60%—70%的课程以英语授课。鉴于荷兰的多语言、多文化背景,其教育体系为研究众多重要语言政策间的冲突及其实施过程中的差距,提供了一个复杂的案例。

本文首先考察了政府文件和相关学术研究,对欧盟和美国的长期语言政策进行了对比分析。然后,重点关注了欧盟宏观政策框架内荷兰实施的语言教育,凸显出了政策目标与课程实施方法之间的矛盾。最后,本文讨论了比较分析中凸显出的相似和矛盾对全球语言教育政策的启示。

欧盟和美国的多语种教育:政策与实践

教育政策

欧盟和美国在语言教育方法上最根本的区别在于各自规定的目标中所包含的多语种的程度。尽管欧盟框架中包括"母语"(第一语言)和外语(第二语言和第三语言)的目标,但美国的政策并未强调发展英语以外的语言,虽然全球化程度在不断提高。这一基本差异在欧盟的一份政策文件中凸显出来,该文件对语言多样性与美国老生常谈的"大熔炉"进行了对比：

> 　　造就欧盟的正是这种多样性：欧盟不是一个消除差异的"大熔炉"，而是一
> 个庆祝多样性的共同家园，我们的众多母语是创造财富的源泉，是通向更加团
> 结和相互理解的桥梁。（CEC 2005）

　　然而，与美国熔炉形成对照的第二个比喻——通向更加团结的桥梁——代表着欧盟语言多样性的包容性表达，矛盾的是，这又与美国单语语言政策下的联系纽带这一比喻相对应，这一点我们后面详加讨论。在具体的政策目标方面，欧盟的立场声明强调多语种政策。例如，《欧盟基本权利宪章》第 22 条规定，"欧盟应尊重文化、宗教和语言的多样性"（Official Journal EC 2000）。这篇文章是欧盟政策的基础，该政策将掌握三种语言作为每个公民的目标：2002 年的欧洲理事会（European Council）会议上，决定除了第一语言之外，每个人都应该学习两种外语。欧盟通过由欧盟委员会推动的评估和调查来跟踪实现这些目标的进展（British Council 2013）。通过将语言多样性（财富来源）和包容性（桥梁）直接联系起来的措辞，欧盟政策与重视英语（纽带）但不强调语言多样性的美国政策形成了鲜明对比。

　　为进一步加强欧盟成员国语言政策的连贯性，《欧盟共同参考框架》（Common European Framework of Reference，CEFR）（Council of Europe 2001）规定了第二语言和第三语言发展标准，该框架针对缺乏实践基础的批评，最近作了修订（Council of Europe 2017）（参见 Alderson 2007）。这些语言水平标准和描写规定，长期以来一直被广泛用于欧洲语言课程中以及移民和就业标准中。例如，荷兰移民在移民前，尚在自己国家时，必须先通过荷兰语口语（《欧盟共同参考框架》A1 水平）和基本写作（A1 水平）的测试（Basic Civic Integration Examination, https://www. naarnederland. nl/en/the-exam）。移民后三年内，新移民需要通过荷兰语考试（https://inburgeren. nl/en/taking-an-exam. jsp），证明所有语言技能（即听、说、读、写）。

　　欧盟似乎即将能够实现三语公民的愿景目标：目前，有一半以上欧盟公民能够使用至少两种语言进行交流。然而，这一目标的实现是否得益于欧盟政策重视语言多样性，值得怀疑。可以说，现在的结果主要是由于英语的发展，英语是欧盟使用最广泛的外语（European Commission 2012）。此外，英语能力所占的高比例并不能直接追溯到那些为实现政策目标所设计的教育项目，因为与其他因素相比，诸如人口流动、媒体影响，英语学习在多大程度上可以归因于正规教育尚不清楚。例如，关于荷兰学生的英语能力，韦斯普尔、德博特和徐（Verspoor, de Bot and Xu 2015）解释说：

> 　　尽管荷兰的教育体系以培养高语言水平尤其是英语水平的学生而著称，但

实际上很少有实证研究能够把这样的结果归因于教育体系。相反,大多数研究将这些结果归因于校外习得英语相对容易,主要是通过媒体(参见 Bonnet 2002)。由于英语是一种重要的国际语言,在荷兰社会、教育界、科学界地位显著,因而学生学习英语的积极性高。(p.6)

这些结论表明政策与现实之间存在着悖论关系:欧盟政策假定的意图是通过语言多样性实现更多的跨文化交流,现实中实现多语能力的重要因素却是同质化地将英语作为国际语言。

英语作为国际语言也对美国的语言教育产生了影响,支持了美国的单语教育倾向。例如,哈佛大学前校长、经济学家拉里·萨默斯(Larry Summers)认为,英语在世界范围内的主导地位使得"讲外语所需的大量投资是普遍值得的这样的论断不再显而易见"(Summers 2012)。与这一立场相一致的是,美国联邦和州语言教育政策中强调英语促进社会融合的同质化力量,从而发挥着支持纯英语课程的作用(Gutiérrez、Baquedano-López and Asato 2000)。尽管美国与欧盟的语言政策立场在重视多语种价值观上形成鲜明对比,但对在教育项目中具体如何执行政策,仔细研究后就会发现,至少在某些欧洲背景下,在英语教育优先上与美国存在着相似之处。

美国大多数州(50 个州中有 31 个)目前的语言政策规定了英语教育和法律等领域的官方地位(Liu, Sokhey, Kennedy and Miller 2014)。在联邦层面,虽然还没有规定英语为美国官方语言,但已尝试使其成为官方语言,并限制使用英语以外的语言。最近的一项尝试是《英语语言统一法案》(English Language Unity Act),旨在"宣布英语为美国官方语言,把英语确立为移民归化语言的规定,避免对美国的英语法律文本做出错误解释"(US Congress 2017)。2017 年 2 月美国众议院推出这一法案,目前尚不是联邦法律;即便这个法案成为法律,也不会正式适用于语言教育,但的确会支持州范围内限制多语种教育政策。与欧盟的桥梁比喻相呼应的是,该法案同样以正面、包容的表述,将英语比作连接个人的纽带,而不是排斥个人的媒介:(1)美国由来自不同种族、不同文化和语言背景的个体组成,美国将继续受益于这样的丰富多样性。(2)纵观美国历史,是英语将来自不同背景的个体联系在了一起。(3)在各州所保留的权力中,有一种权力是将英语确立为各州官方语言……(US Congress 2017)

美国的这项提案与欧盟政策相似,将多样性视为一种文化资源,但其主要前提导致了相反的侧重点:在欧盟,语言多样性既要得到保护,又要得到进一步发展;而在美国,需用英语作为纽带来促进多样性。这样的情势显示出英语作为国际性语言存在的悖论,即无论政策侧重点如何,英语发挥的作用都是减少语言多样性。无论是美国还是欧盟,英语都被定位为一种通用语言,在不同的地缘政治环境中连接着第一语言不同的人，但往往以地方方言和少数族裔语言为代价。

英语发挥社会融合作用的定位，在当前美国有关语言教育的法律中亦明显地体现了出来，各州要求解决"英语能力有限的学生"或"英语学习者"提高英语的需求，但实现这一目标却不要求任何形式的多语种发展。《每个学生都成功法案》(The Every Student Succeeds Act, ESSA)——奥巴马政府指导公共教育资助的一项民权法修正案——包括第三篇"英语语言习得、语言提高和学业成绩法案"。从广义上讲，《每个学生都成功法案》侧重于缩小"水平差距"，而第三篇则根据英语作为第一语言和作为第二语言的使用者之间的差异优先考虑这一问题。第三篇中列出的第一个目的是"确保包括移民儿童和青少年在内的英语学习者达到相应的英语水平，并用英语取得高水平学业成绩"。第二个目的规定了英语学习者应成功达到"所有儿童都应达到的、同样具有挑战性的国家学业标准"的目标，进一步强调了英语的同质化作用，其中第三至第五个目的规定了对英语学习者学校工作人员的支持(第三、第四个目的)和对英语学习者家庭的支持(第五个目的)(US DoE 2017)。由于美国没有国家教育标准，"挑战性标准"的具体内涵是什么尚不清楚。联邦法律要求各州要测试学生在达到英语语言和数学标准上所取得的进步。从历史上看，各州都单独制定了这些标准，但最近大多数州采用了《共同核心州立标准》(Common Core State Standards, CCSS)，因为奥巴马政府将联邦教育资金资助与标准的实施挂钩。《共同核心州立标准》不包括多语种标准，截至本文撰写时间，我们尚找不到任何州要求学生提高英语以外的语言能力。因此，各州实施的联邦教育政策不要求多语种教育，尽管也未必排除多语种教育。

美国的政策和实践

在美国实践中，用来实施政策以达到目标的教学项目是由各州和地方学区决定的，它们可以而且的确是宽泛地解释政策，从而决定包括或排除少数族裔语言和外语教育(Johnson 2009)。例如，就一些地区的传统语言而言，如第一语言为西班牙语的美国边境州(例如得克萨斯州)，双语教育体现的是《每个学生都成功法案》的逻辑，即主要是为促进英语语言发展。为此，新移民通常会被安排参加为英语弱的学习者设置的作为第二语言的英语(English as a Second Language, ESL)课程，然后再转入纯英语教学的课程。一些边境州(例如亚利桑那州、加利福尼亚州)通过有争议的政策举措已明确(参见 Proposition 203 2000)限制双语教育项目，但在新墨西哥这个边境州，获得包括第一语言为西班牙语的双语教育机会历来一直受到保护。在以国际化、移民模式多样化、语言多样化而著称的其他地区，公立学校体系内则提供越来越多的双语教育项目。例如，纽约提供的双语教育所包含的第一语言体现了移民人口统计特征，包括西班牙语、汉语、海地克里奥尔语和阿拉伯语，典型的都是以英语作为第二语言。尽管有迹象表明，纽约等大城市越来越多地致力于扩大这些双语教育项目(NYC DoE 2016),但双语教育项目的存在,依然是特例,充满政治色彩,并且不同地区之间存在着很大差异。

在资助实施语言政策的教育项目上,欧美大陆亦能找到相似之处,欧盟和美国在少数族裔语言和地区语言教育的政策和资金配套上都存在错位的趋势。例如,尽管两者都对濒危语言给予保护,但在实践中并不总是能够得到实施。在欧盟,《欧洲方言、少数族裔语言 1992 年宪章》(1992 European Charter for Regional or Minority Languages)(Council of Europe 1992)保证了濒危语言和方言使用者的教育权利,这一政策在《2008 年欧洲多语言战略的理事会决议》(2008 Council Resolution on a European Strategy for Multilingualism)(CEC 2008)中进一步得到巩固。例如,至少在理论上,欧盟政策在法律上保障了荷兰北部弗里斯兰省的弗里斯兰语的教育。然而,在实践中,尽管实施了各种教育计划,弗里斯兰语的使用持续下降(Gorter 2008;Gorter and Cenoz 2011)。保留弗里斯兰语的方法包括双语(弗里斯兰语、荷兰语)和三语(弗里斯兰语、荷兰语、英语)教育项目,然而,弗里斯兰语师资匮乏、学校对英语日益重视、父母和学生用弗里斯兰语提高学业的动机相对于英语较弱以及缺乏财政支持,这一切都导致无法阻止弗里斯兰语式微的趋势(Gorter and Cenoz 2011)。这样的情形除了进一步体现英语的同质化影响外,还反映了欧盟既定的政策理想、当地目标与实施政策目标的财政资源投入之间的错位。

同样地,在美国,土著语言法律上受到 1990 年制定的《美洲原住民语言法》(Native American Languages Act)的保护,该法案规定"美国政策维护、保护和促进美洲原住民使用、练习和发展美洲原住民语言"(US Congress 2000)。然而,正如在该法案一系列旨在解决资金短缺问题的修正案中所述,"尽管该法案是迈向确保美洲原住民语言保存和振兴的重要一步,但该法案并没有论及任何财政资源投入问题"(US Congress 2000)。以保护土著语言为目标的美洲原住民的青年教育依然面临很大挑战,而且,就像荷兰弗里斯兰语的情形一样,据悉,年轻的美洲原住民使用土著语言的趋势,与年长的原住民相比,有继续迅速下滑之势(US Census 2011)。

欧盟政策与实践:以荷兰为例

为进一步研究欧洲语言政策和实践之间的关系,现侧重关注荷兰的情形,鉴于前面讨论的语言概况,荷兰似乎是个讨论欧盟目标成功实现与否的典型案例。然而,如前所述,荷兰对三语种制度的解释经常是狭义的,有些自相矛盾,也凸显了欧盟和美国之间的相似之处。为使读者更加清楚,我们首先简要回顾一下荷兰语言课程构建的社会背景,包括移民模式、相关政策的转变。然后,在简要介绍荷兰学校体系的结构后,我们将重点关注语言政策是如何通过两种主要的教育框架(交际外语教学法与内容和语言融合的学习项目)实施的。

　　历史上，荷兰针对双语教育目标和作用的政策随着荷兰移民和社会经济利益的变化而发展。正如德里森（Driessen 2000）所详述的那样，在 20 世纪 80 年代前，"双轨"方法假定，外来移民工人的子女（其中许多人在 60 年代从地中海国家移民）不会留在荷兰。因此，早期的双语教育背后的逻辑是，维持第一语言对于学生重新融入原籍国非常重要。随着情况越来越明朗化，即这些学生最终会留在荷兰，双语教育背后的逻辑亦随之发生变化。在 80 年代，少数族裔的第一语言教育背后的逻辑被重新界定为融合——即作为一种手段，用来弥补小语种的第一语言和大语种的第二语言之间的成绩水平差距。在此期间，随着第一语言教育不再被视为荷兰政府的责任，双语课程及其目标逐渐被边缘化。格拉斯特拉和舍德勒（Glastra and Schedler 2004）解释了荷兰政府在此期间的政策：

　　　　（政府政策）表示，从第二语言习得中学习他们自己的语言，少数族裔学生是否会从中受益，这个问题至少是有争议的。并建议，参加原籍语言和文化的教育，应该是自愿参加，不应再成为常规课程的一部分。相反，将荷兰语作为第二语言的教学倒是应该特别引起重视……（p. 47）

　　在实践中，学校通常在课外时间提供第一语言和文化的教育（onderwijs in eigen taal en cultuur）[education in own language and culture]，这在 90 年代逐渐演变成外来语言的教育（onderwijs in allochtone levende talen）[education in allochthonous living languages]。少数族裔第一语言教育的另一逻辑也与融合目标有关，即通过"跨文化教育"增强学生的文化认同感。然而，在实践中，无论背后的逻辑是什么，大多数学生都不太可能接受切实可行的第一语言教育，因为讲授的第一语言通常都是学生不会说的标准语（例如标准阿拉伯语而不是柏柏尔语）。

　　最终，这种针对移民学生的双语教育在 2004 年被完全放弃，其中原因有很多，包括缺乏与少数族裔第一语言匹配的教师、应该教授哪些少数族裔的语言在政治上存在很多分歧，以及缺乏资金支持（Kuiken and Van der Linden 2013）。取消对少数族裔第一语言项目的资助是因为移民的第一语言教育与移民青年融入的目标相矛盾（Extra and Yagmur 2006）。库伊肯和范德林登（Kuiken and Van der Linden 2013）观察到，这种政策转变"违背了欧洲促进多语言社会发展的指南，根据该指南，欧洲公民除了母语之外还应掌握另外两种语言"（p. 213）。尽管移民青年通常已经能够熟练操持一种以上的语言，但语言教育项目并没有把少数族裔语言定位为多语言发展的平台，充其量只是学习荷兰语的桥梁。

　　目前，在实践中，每个公民应该能讲三种语言的欧盟目标通常在荷兰的课程中被解释为荷兰语加上两个欧洲"大"语种，特别是英语加上法语或德语。正如韦斯普尔和克莱默（Verspoor and Cremer 2008）对荷兰外语教育奖学金（Dutch FLeducation scholarship)评论的那样,"如果这涉及欧洲语言的教育,那么这只是政府对第二语言教育的资助。尽管荷兰政府强调尊重所有移民语言,但对移民第一语言教育不再给予国家支持"(p.185)。这种事态反映了宏观的模式,即尽管提供了语言政策目标和指导方针,但至少在少数族裔语言教育和传统语言教育方面,都没有资金支持。

英语的发展进一步削弱了荷兰少数族裔语言和传统双语教育的作用,20世纪初英语取代了法语作为第二语言的支配性地位(Wilhelm 2005)。在荷兰,英语甚至不再是真正意义上的外语(Edwards 2016),因为绝大多数(90%)荷兰公民声称自己精通英语(European Commission 2012),而英语是荷兰公立学校课程中的三门必修科目之一(其他两门是数学和荷兰语)。因此,我们在荷兰语环境中使用"外语"来指代英语以外的外语。虽然外语教学通常被推迟到了中学,但学生通常在小学后期开始接受英语教学,所有学生在整个中学期间都继续学习英语课程。然而,越来越多的荷兰小学以"早期外语教育"(vroeg vreemdetalenonderwijs,VVTO)形式,或者"双语小学教育"(tweetalig primair onderwijs,TPO)形式在低年级开设英语课程。在后一种形式中,30%—50%的课程用英语讲授。这种双语课程在中学阶段更为常见。

对语言教育的要求取决于小学结束时学生(大约12岁)进入三种教育轨制上的哪一个,职业教育课程还是大学预科课程(图1)。理论上,所有学生都享有转入大学预科课程的平等机会,但实践中,来自非西方背景的移民学生在职业课程中所占比例仍然过高(占所有中学生的20%,相比之下,非移民背景的学生仅占9%),他们在大学课程中的代表性亦不足(非西方移民背景的学生仅占13%,非移民背景的学生占比达23%)(CBS 2016)。不同轨制下语言教育标准的不同,再加上少数族裔第一语言课程的缺乏,这些对来自移民背景的学生的语言教育机会产生了影响。

中学教育期间,所有学生都必须学习英语,但对额外外语的要求因学生所进入的轨制不同而异。所有中学生必须至少学习一门外语,通常是德语或法语。进入初级预备职业教育(VMBO)(参见图1)的学生必须在前两年学习一种外语,而进入普通高中教育(HAVO)和大学预备教育(VWO)(参见图1)的学生必须在前三年学习两种外语。每个轨制的高年级资格考试中,英语考试是强制性的;进入大学预备教育的学生还必须参加另外一门外语考试。除德语和法语外,还有西班牙语、俄语、阿拉伯语和土耳其语的资格考试;但是,特别是对于后两种语言,这样的课程非常少见。2017年,只有77名学生参加了阿拉伯语的期末考试,178名学生参加了土耳其语的期末考试(SLO 2017)。贝内迪克特斯-范·登·伯格(Benedictus-van den Berg)再次指出政策和物质支持之间存在着错位,认为这些数据表现是政府资金支持力度不够造成的,并指出"鉴于城市地区的小学里土耳其裔和阿拉伯裔荷兰儿童

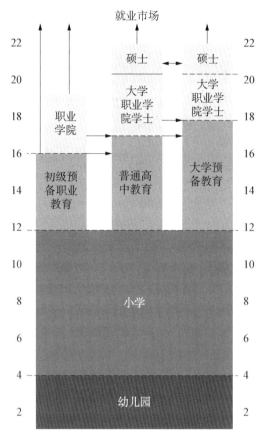

图1　荷兰教育体系的基本结构
来源:(Nuffic 2015b)

数量的上升,但可供接受土耳其语和阿拉伯语教育的机会却很少,这一点值得引起注意"(Extra and Yağmur 2012, p.165)。

交际语言教学法

荷兰学校外语教学(包括英语)采用的模式各不相同,但最突出的两种模式是"传统"交际语言教学(Communicative Language Teaching, CLT)方法,即外语只是教学目标,而内容与语言融合的学习方法才是重点(Content- and Language-Integrated Learning approach, CLIL),其中外语既是教学目标又是媒介。大多数荷兰中学采取的都是交际法,开设的语言课程(例如英语、法语、德语课程)的重点是发展目标语言能力。所要求的学习成果根据交际行为制定出来(例如,学生在与目标语使用者的社会交往中可以做出充分的反应[de kandidaat kan adequaat reageren in sociale contacten met doeltaalgebruikers],或者可以寻求或提供信息[de kandidaat kan informatie vragen en verstrekken])(College voor Toetsen en Examens 2016, p.

26)。交际语言教学法的主要原则包括关注有意义的交流,关注通过互动提供足够真实的机会,使用目标语言(Canale and Swain 1980; Richards 2006)。预期要达到的水平,则是针对每门教育课程、目标语言和语言技能(即听、说、读、写)根据《欧盟共同参考框架》制定出来。

尽管交际语言教学法在欧洲是国际公认标准,并且荷兰的国家课程文件亦是根据交际语言教学法原则制定的,但实际上,在荷兰许多课堂的重点并不是教学生有效地交流,而是关于语法形式和准确性(Kwakernaak 2016; West and Verspoor 2016)。另一个挑战是,语言教育该如何利用和培养学生的多语言能力。目前的课程中,学生课堂上的多种资源往往被忽视,更别说有目的地对这些语言资源加以利用。无论是少数族裔学生的第一语言能力,还是学生在学校所学的语言(即其他外语)知识和技能都没有得到重视和利用。这种未经整合的教学方法,使得荷兰语言教育经常忽略一些利用语言能力为目标语言的学习形成支架的宝贵机会(参见 Cummins 2007)。

第三个挑战涉及教学法的内容。在当前的课堂上,学生交流的话题常常关乎假期或爱好。尽管使用此类主题可能会带来真实交流,但该领域的专家团体(参见 Meesterschapsteam Moderne Vreemde Talen 2016; Tammenga-Helmantel and Le Bruyn 2016)近来呼吁在语言课程中提供更有意义的内容。语言和文化主题都可以为语言课程提供有价值的补充。更多地关注语言(例如社会语言学问题、语言学习理论)和文化内容(例如目标语言国家的文学、习俗和传统)可以培养学生的语言意识(Van den Broek and Dielemans 2017),也为跨文化能力的发展作出了贡献(Karmanova and Van Loo 2016)。

内容和语言融合法

在荷兰双语教育仍然是一个具有争议性的问题。然而,自20世纪80年代后期以来,以荷兰语作为第一语言的双语课程迅速扩展,随着英语的引力增加,双语教育(Tweetalig Onderwijs, TTO)在荷兰教育体系中变得越来越突出。双语教育无论是在开设双语课程学校的数量上,还是实施双语课程的广度方面都出现了快速增长。目前,大约20%的荷兰中学开设了双语课程;并且,虽然最初双语课程仅在大学预科课程中提供,但今天也在职业学校预备课程中开设,并且也开始在荷兰小学进行试点(Denman, Tanner and De Graaf 2013; Mearns, De Graaf and Coyle 2017)。随着英语作为国际语言的发展,中学阶段的荷兰语—英语双语教育计划急剧增加(Kuiken and Van der Linden 2013),现在荷兰几乎所有的双语课程都以荷兰语—英语语言对开设。尽管靠近德国边境的学校确实存在荷兰语—德语双语课程,但这些非常罕见。

在西欧国家迅速发展的双语教育方法是内容和语言融合法,或内容与语言融合双语的学习方法(Verspoor et al. 2015)，如上所述，这种方法在 20 世纪 80 年代随着强调少数族裔第一语言的双语课程普遍被放弃而兴起。内容和语言融合法是"一种通过外语媒介教授课程内容的教育方法，通常面向参加某种形式的小学、中学或大学主流教育的学生"(Dalton Pufer 2011, p. 183)。因此，内容和语言融合法旨在通过以目标语言教授非语言科目(例如地理)来培养学生的第二语言熟练程度和内容知识。因此，目标语言既成为学习的对象，又成为进行内容学习的媒介。在荷兰，中学水平的内容和语言融合课程中，至少 50% 的课程必须以第二语言为目标语言讲授。双语教育标准(Nuffic 2012)为荷兰国家双语教育系统的所有成员学校认可，该标准规定了学校双语教育应该达到的基本标准，包括第二语言达到的水平、第二语言输入数量和质量、知识内容水平、欧洲定位和国际定位 (European and International Orientation, EIO)技能，以及质量控制(例如强制性评估或认证路径)。参加此类双语课程的学生还必须通过荷兰语毕业考试，以及参与国际文凭考试和剑桥英语考试。

理论上，荷兰的双语教育也侧重于培养跨文化交流技能或欧洲定位和国际定位能力——后者的标准以欧洲能力共同框架中的表述为准(Elos 2010)并与欧盟共同框架保持一致。例如，最高级别 6 级水平要求学生"可以用共同语言与来自其他背景的人讨论有争议性的国际问题，同时承认规范和价值观的差异"(EIO-2.6.2)。3 级水平，即大学预科课程毕业生的指定水平，要求学生"可以表达他或她自己的意见、需求、感受，并用与来自其他国家同龄人的共同语言连贯地交流"(EIO-2.3.2)。欧洲能力共同框架标准还要求学生了解、欣赏不同文化和语言，习得就业和教育环境中进行国际合作所需的知识和技能。

尽管荷兰的双语教育已变得更具全纳性，但内容与语言融合课程在中等教育的"高级"课程中最为普遍。由于大学先修课程中，占比最高的是那些来自社会上有钱有势家庭的学生，因此荷兰双语教育给人的印象是精英主义(Mearns et al. 2017)，以下事实也支撑了这一印象：尽管双语教育项目也在公立学校实施，但双语教育没有直接从荷兰教育、文化和科学部获得政府资助。根据双语教育解释文件，双语教育学校的学生家长平均每年为每位学生支付 450 欧元的自愿学费(相比之下，父母为荷兰学校探险等活动平均捐款 188 欧元)(Nuffic 2015b)。因此，荷兰的双语教育并非对所有学生平等开放。该文件进一步解释说，"在中学双语教育的头三年，学生仅在课堂上接触到的英语大约是非双语教育同龄人的六倍；更不用说课外活动了"(Nuffic 2015b, p. 6)，这表明语言教育的两种方法，不仅在内容上，而且在质量上(例如学生跨文化能力的发展)都存在着巨大差异。

如上所述，亦如其明确指出的那样，内容与语言融合框架的基础正是欧盟标准和政策，也是欧洲宏观项目的一部分，并且与以三语为目标的欧盟语言政策保持一致。但美国的情况则大不相同，鉴于其教育体系缺乏对外语的要求。联邦层级的语言政策以英语为中心;公共双语教育项目相对匮乏;甚至一些州整个都限制双语教育。在美国,少数族裔学生往往会"受限制",除了在大都市地区能够学习少数双语课程外,很少(如果有的话)能接受到少数族裔语言的教育,即便有也仅仅是为以英语作为授课语言的教育做准备而已。然而,尽管与美国一样,荷兰大力支持多语言教育,但荷兰教育体系目前并不专注于利用移民学生为课堂带来的语言资源来实现政策目标。尽管存在一些少数语言教育计划包含第一语言,但"多语种"最常见的意思是能够流利地讲荷兰语和英语,在某些情况下,指的是获得另一种外语的一些技能(通常是德语或法语),而对少数族裔第一语言的教育资助在十多年前就被大力削减了。因此,在实践中,一个主要的区别是,大多数美国学生能讲的、国际上最看重的英语——荷兰学生则被要求需要学习。此外,无论是在荷兰还是在美国,政策和为政策实施所提供的资源之间的差距依然存在,对于少数族裔的语言教育尤其如此——这表明两者在学校体系之间存在很强的相似性,尽管政策基础上(美国的)单语和(欧盟的)多语政策互相矛盾。

讨　论

　　本文回顾了在欧盟语境下荷兰的语言政策,并与美国进行对比,凸显出了全球范围内为培养和肯定学生的多语种能力进行教育项目设计所涉及的挑战和机遇。我们在呈现这一分析时曾怀有这样的想法:学校语言多样性日益增加、全球化不断加深的背景下,如何利用好多语种亦变得更加重要,这两种趋势似乎能相互协调。然而,尽管荷兰和美国的政策都肯定多样性(就美国而言,如果不是多语言发展的话),但学校体系并没有有效地培育学生带到学校的多样化语言实践,包括对于许多人来说的多语言能力。例如,许多移民和少数族裔学生进入荷兰教育体系时都精通两种或多种语言——这使他们更接近欧盟的三语公民目标。然而,与美国一样,文化融合的目标以及英语作为国际语言的较高地位,使得侧重推动以少数族裔语言为第一语言的双语教育模式基本被放弃。

　　因此,本文的分析强调了需要解决融合目标和国际化目标之间的冲突,或者正如"多语欧洲流动性和认同性项目"(Mobility and Inclusion in Multilingual Europe, MIME)中所描述的那样,需要"一个协调的、技术先进的现代社会,保持和利用欧洲的语言和文化多样性,来平衡现代社会对流动性的要求"(MIME 2017)。换言之,这种挑战是,要充分认识到利用移民和少数族裔语言学生带到学校的母语语言资源的重要性,这一点美国和欧盟存在相似之处,都需要做到。我们对荷兰和美国的对比分析表明,尽管语言政策中体现的语言教育价值存在差异,但两国学校体系都尚未致力于面对这一挑战。

　　欧洲的利益相关者也注意到了这个问题。例如,欧洲语言丰富项目呼吁要在欧共体语言政策与语言复杂的欧洲人口现实之间建立更加紧密的联系，特别是在三语制要求方面。必须承认"对于许多公民来说，'母语'不再是国语"的现实，也要承认"大多数公民将学习英语外加一种语言，很少公民会外加'两'种语言"，该项目因此呼吁要"明确表述出语言的配置"（British Council 2013，p.4），并进而关注英语作为国际语言的作用，呼吁构建教育和研究资助的新结构：

> 为了提出一种欧洲语言共存的新模式，必须明确承认英语在欧洲的特殊地位。这样对于制定政策，尤其是制定"母语加两种外语"的关键目标都具有意义。并且也会鼓励更多的研发工作去研究如何利用英语地位促进和支持而不是破坏多语发展。最后，这也意味着欧洲资金流，例如终身学习计划的后续项目，将优先支持英语以外的语言。（British Council 2013，p.5）

除了呼吁改变语言政策和标准之外，该项目还呼吁增强语言师资培训，签署促进教师流动的国际协议，如教师交流计划。

本文分析研究的启示之一是，为了实现既定的政策目标，荷兰和美国的学校体系都需要在师资培训、课程材料设计和结构性重组方面进行更多投资。全球范围内，除了少数例外，语言政策很大程度上仍与实践脱节，在财政和员工选择上缺乏支持，使得地方学区在实施过程中独自承担所有责任。为解决这些问题，需要在不同语言（即第一语言、第二语言、外语）的相互作用方面构建更丰富的师资培训内涵、给予更有力的支持，从而通过全球语言教育，解决多语发展与缩小机会差距、促进民族融合之间在目标上的冲突。

本文的另一启示是，须用一种更全面的方法来制定语言政策，承认移民模式复杂、全球化不断扩大、通信技术不断推广，这一切已经导致"根本性的快速变化"，这一启示也构成了"多语欧洲流动性和认同性项目"框架（MIME 2017）。这对社会的重塑及其产生的语言学习需求，对语言政策和课程需要采取更全面的方法提出了要求，即要考虑移民和国际化之间的冲突关系。"多语欧洲流动性和认同性项目"提出了需重新构建语言政策的"权衡"框架：

> "流动性"和"融入性"之间出现了取舍问题。一方面，如果社会选择专门强调融入欧盟特定地方的必要性，这可能会成为公民流动在物质上或象征性的障碍。……相反，只关注流动性可能会对融入性产生不利影响，因为这样可能会潜在地助长统一力量，侵蚀与欧盟内部不同地区相关的地方感、特殊性和根基感。（p.4）

以权衡的方式制定政策，以此为出发点，是摆脱我们在本文分析中清楚呈现出的当前政策趋势的一条出路。例如,20世纪80年代前,荷兰双语教育更多地关注少数族裔的第一语言——荷兰语第二语言项目中的认同和迁移,然后突然转变为更多地关注内容与语言融合的荷兰语——英语双语项目中的流动性和融入性。

这种政策重构的另一个含义是,要明白语言教育超越正规学校教育,学习语言会有各种动机,这表明语言教育应采取各种方法。例如,韦斯普尔等人(Verspoor et al. 2015)注意到,荷兰学生的英语水平异常高,但不一定都可归功于正规英语教育项目。促使学生学习英语的是他们参与了国际游戏网络以及接触到了其他英语媒体。此外,移民学生利用互联网技术工具接触到更大的社会,从而获得比以往更多的机会,运用少数族裔语言进行交流,进而发展他们的第一语言。因而,那些有助于校外路径语言技能发展的教育方法,包括帮助学生制定语言学习目标,将更加符合青年在不同社会环境中使用语言的现实。这一方面,欧洲丰富语言项目提出了一些建议。例如呼吁增加字幕(而不是配音)"以提高欧洲公民和官员的语言能力"(British Council 2013,p.6),呼吁对"多语交流模式的良好实践"进行更多的研究,包括对技术辅助交流的研究。

尽管对多语言发展的重视程度有所不同,但这些启示对欧盟和美国都适用。美国试图将英语单语政策强加给历来多样性的人口结构,是未能认清和承认全球化现实及其日益复杂的沟通需求。即便是出色的英语水平也不足以满足这些要求。英语作为国际性语言进行扩张,至少也需要了解英语在不同国际环境中的使用上的不同。学生不仅需要以技能为中心的教学,还需要培养灵活认识到不同(文化)环境中语言使用不同的素质。此外,发展少数族裔和移民学生的第一语言资源能力,无论是通过双语还是校外项目或基于社区的项目(或多种方法的组合)来促进,都应作为明确的政策目标,除带来其他好处外,这些目标还可以培养跨文化和跨语言能力,这些技能在一个全球竞争的环境下变得日益重要。

然而,在荷兰这样的欧盟国家,即使多语发展和跨文化交流是其明确的政策目标,也需要重新调整、定位政策,对语言多样性的认可应转化成将移民和少数族裔学生的第一语言资源定为目标。同样,这可能涉及多种方法,包括在主流(语言)教育中重视学生的多语种才能,例如设立基于社区的项目,提供资源促进与家人的沟通,以及与原籍国的联系。事实上,体现这种理解的一些现有私营举措,可以为广泛推广的政府资助方法提供指南(例如,Stichting TON,课外土耳其语教育)。政策调整还包括为第一语言和第二语言是荷兰语的学生创造更多机会,让他们练习和反思中学课程中跨文化交流所遇到的挑战和机遇。政策的重新定位还需要重构三语理想目标,在理论与实践上,明确包括少数族裔的第一语言。

此外,本文分析表明,运用荷兰学校目前采用的交际语言教学法和语言与内容融合法不能完全有效地实现更大的政策目标。如果缺乏政策指导,不能促进最广泛意义上的多语言能力(包括少数族裔的语言)发展,不能有助于招聘、培训、留住高质量的师资,并使他们的专业能力持续发展,因为只有这样的师资才能基于学生的多语言资源进一步发展他们的能力,那么学校体系无论采取什么样的语言教育方法,都不太可能实现发展学生在国际化语言环境下所需的灵活的多语言、跨文化技能和素质。

（王冬梅　译）

参考文献

Alderson, J. C. (2007). The CEFR and the need for more research. *Modern Language Journal, 91*, 659 – 663.

Bonnet, G. (Ed.) (2002). *The assessment of pupils' skills in English in eight European countries*. Paris: European Network of Policy Makers for the Evaluation of Education Systems.

Bothwell, E. (2016). Dutch debate growth of instruction in English. *Inside Higher Ed* (8 September). https://www. insidehighered. com/news/2016/09/08/dutch-educators-debate-growth-english-instruction-their-universities

British Council (2013). *Language rich Europe: Multilingualism for stable and prosperous societies*. https://www. britishcouncil. nl/sites/default/files/lre_review_and_recommendations. pdf.

Canale, M. , & Swain, M. (1980). Theoretical bases of communicative approaches to second language teaching and testing. *Applied Linguistics, 1*, 1 – 47.

CBS [Centraal Bureau voor de Statistiek] (2016). *Bevolking naar migratieachtergrond* [Population classified by migration background]. https://www. cbs. nl/nl-nl/achtergrond/2016/47/bevolking-naar-migratieachtergrond. For more information on Dutch school system demographics, see this source at https://opendata. cbs. nl/statline/♯/CBS/nl/dataset/80040NED/table? ts ＝1552991379077.

CEC [Commission of the European Communities] (2005). *A new framework strategy for multilingualism.* http://eur-lex. europa. eu/LexUriServ/LexUriServ. do? uri＝COM: 2005: 0596:FIN:en:PDF.

CEC (2008). *Multilingualism: An asset for Europe and a shared commitment.* http://www. europarl. europa. eu/RegData/docs_autre s_institutions/commission_ europeenne/com/2008/0566/COM_COM(2008)0566_EN. pdf.

College voor Toetsen en Examens (2016). *Moderne vreemde talen havo* [Modern foreign languages havo]. Version 2 (June). Utrecht: College voor Toetsen en Examens. https://www. examenblad. nl/examenstof/syllabus-2018-moderne-vreemde/2018/f＝/moderne_vreemde_talen _havo_2_versie_2018. pdf.

Council of Europe (1992). *European charter for regional or minority languages.* https://www.coe. int/en/web/conventions/full-list/-/conventions/rms/0900001680695175.

Council of Europe (2001). *Common European reference for languages: Learning, teaching, assessment*. Cambridge: Cambridge University Press.

Council of Europe (2017). *Common European framework of reference for languages: Learning, assessment.* https://rm. coe. int/common-european-framework-of-reference-for-languages-learningteaching/168074a4e2.

Cummins, J. (2007). Rethinking monolingual instructional strategies in multilingual classrooms. *Canadian Journal of Applied Linguistics, 10,* 221 – 240.

Dalton-Puffer, C. (2011). Content-and-Language Integrated Learning: From practice to principles? *Annual Review of Applied Linguistics, 31,* 182 – 204.

Denman, J., Tanner, R., & de Graaff, R. (2013). CLIL in junior vocational secondary education: Challenges and opportunities for teaching and learning. *International Journal of Bilingual Education and Bilingualism, 16,* 285 – 300.

Driessen, G. (2000). The limits of educational policy and practice? The case of ethnic minorities in the Netherlands. *Comparative Education, 36,* 55 – 72.

Edwards, A. (2016). *English in the Netherlands: Functions, forms and attitudes.* Amsterdam: John Benjamins.

Elos (2010). *Common framework for Europe Competence.* Lifelong Learning Programme. Published by the European Elos Network of the European Union. http://www. tallinn. ee/haridus/ Common-Framework-for-Europe-Competence-ELOS-students-. pdf.

European Commission (2012). *Special Eurobarometer 386: Europeans and their languages.* Report conducted by TNS Opinion and Social at the request of Directorate-General Education and Culture, Directorate-General for Translation and Directorate-General for Interpretation. http://ec. europa. eu/commfrontoffice/publicopinion/archives/ebs/ebs_386_en. pdf.

Extra, G., & Yağmur, K. (2006). Immigrant minority languages at home and at school: A case study of the Netherlands. *European Education, 38,* 50 – 63. https://doi. org/10. 2753/ EUE1056 – 4934380204.

Extra, G., & Yağmur, K. (Eds.) (2012). *Language rich Europe: Trends in policies and practices for multilingualism in Europe.* Cambridge: Cambridge University Press. https:// englishagenda. britishcouncil. org/sites/default/files/attachments/lre_english_version_final_ 01. pdf.

Gemeente Amsterdam (2016). *Trendanalyse: Diversiteit van de Amsterdamse bevolking* [Trends analysis: Diversity in the Amsterdam population]. *Onderzoek, Informatie en Statistiek* (27 September). https://www. ois. amsterdam. nl/nieuwsarchief/2016/diversiteit-in-de-stad-neemt-toe.

Glastra, F. J., & Schedler, P. E. (2004). The language of newcomers: Developments in Dutch citizenship education. *Intercultural Education, 15,* 45 – 57.

Gorter, D. (2008). Developing a policy for teaching a minority language: The case of Frisian. *Current Issues in Language Planning, 9,* 501 – 520.

Gorter, D., & Cenoz, J. (2011). Multilingual education for European minority languages: The Basque Country and Friesland. *International Review of Education, 57,* 651 – 666.

Gutiérrez, K. D., Baquedano-López, P., & Asato, J. (2000). "English for the children": The new literacy of the old world order, language policy and educational reform. *Bilingual Research Journal, 24,* 87 – 112.

Huygen, F. (2017). *Opinie: Engels als voertaal vernielt het hoger onderwijs* [Opinion: English as the language of instruction destroys higher education]. *Volkskrant* (28 June). https://www. volkskrant. nl/columns-opinie/opinie-engels-als-voertaal-vernielt-het-hoger-onderwijs~b7fd8359/.

Johnson, D. C. (2009). Ethnography of language policy. *Language Policy, 8,* 139 – 159.

Karmanova, O., & Van Loo, E. (2016). Interculturele competentie in de taalles: Een Korte Lessenserie Russisch [Intercultural competence in language lessons: A short Russian lession series]. *Levende Talen Magazine, 5,* 22 – 27.

Kuiken, F., & van der Linden, E. (2013). Language policy and language education in the

Netherlands and Romania. *Dutch Journal of Applied Linguistics, 2*, 205‐223.

Kwakernaak, E. (2016). Kennis over talen en culturen [Knowledge of languages and cultures]. *Levende Talen Magazine, 7*, 28‐32.

Liu, A. H., Sokhey, A. E., Kennedy, J. B., & Miller, A. (2014). Immigrant threat and national salience: Understanding the "English official" movement in the United States. *Research and Politics, 1*, 1‐8.

Mearns, T., de Graaff, R., & Coyle, D. (2017). Motivation for or from bilingual education? A comparative study of learner views in the Netherlands. *International Journal of Bilingual Education and Bilingualism*. https://doi.org/10.1080/13670050.2017.1405906.

Meesterschapsteam Moderne Vreemde Talen (2016). *Betekenisvol vreemde-taalonderwijs en implicaties voor vakdidactisch onderzoek* [Meaningful foreign language education and implications for didactic research]. *Validacktiek geesteswetenschappen* (September). https://vakdidactiekgw.nl/wp-content/uploads/2016/09/discussietekst-MVT-september-2016-met-logo.pdf.

MIME [Mobility and Inclusion in Multilingual Europe] (2017). *The multilingual challenge: Toward policy responses*. Geneva: University of Geneva. http://www.mime-project.org/MIME_TheMultilingualChallenge_150317.pdf.

Nuffic (2012). *Standard for bilingual education in English—havo/vwo*. https://www.nuffic.nl/en/publications/standard-bilingual-education/.

Nuffic (2015a). *Key figures 2015: Internationalization in higher education*. The Hague: EP-Nuffic. https://www.studyinholland.nl/documentation/key-figures-2015-internationalisation-in-higher-education.pdf.

Nuffic (2015b). *Bilingual education in Dutch schools: A success story*. https://www.nuffic.nl/en/publications/bilingual-education-dutch-schools-success-story/.

NYC DoE [Department of Education] (2016). *Chancellor Fariñ announces 38 new bilingual programs*. https://www.schools.nyc.gov/about-us/news/announcements/contentdetails/2016/04/04/chancellor-fariñ-announces-38-new-bilingual-programs.

Official Journal EC [Official Journal of the European Communities] (2000). *Charter of fundamental rights of the European Union*. European Parliament. http://www.europarl.europa.eu/charter/pdf/text_en.pdf.

Proposition 203 (2000). *English language education for children in public schools*. https://cms.azed.gov/home/GetDocumentFile?id=58d003651130c012d8e906e5.

Richards, J. C. (2006). *Communicative language teaching today*. New York: Cambridge University Press.

SLO [Stichting Leerplanontwikkeling] (2017). *Moderne vreemde talen* [Modern foreign languages]. https://slo.nl/vakportalen/mvt/.

Summers, L. H. (2012). What you (really) need to know. *New York Times* (20 January). http://www.nytimes.com/2012/01/22/education/edlife/the-21st-century-education.html?pagewanted=all.

Tammenga-Helmantel, M., & Le Bruyn, B. (2016). Mvt-onderwijs: Hoe willen we het hebben en wat willen we weten? [Foreign language education: How do we want it and what do we want to know?]. *Levende Talen Magazine, 8*, 44‐45.

US Census (2011). *Native North American languages spoken at home in the United States and Puerto Rico: 2006‐2010*. https://www.census.gov/library/publications/2011/acs/acsbr10-10.html.

US Congress (2000). *Amending the Native American Languages Act to provide for the support of Native American language survival schools, and for other purposes*. Report, Committee on Indian Affairs (3 October). https://www.congress.gov/106/crpt/srpt467/CRPT-106srpt467.pdf.

US Congress (2017). *HR 997: English Language Unity Act of 2017.* Introduced 9 February. https://www.congress.gov/bill/115th-congress/house-bill/997/text.

US DoE [Department of Education] (2017). *Elementary and Secondary Education Act of 1965 as amended by the Every Student Succeeds Act.* Enacted 21 July 2018. https://legcounsel.house.gov/Comps/Elementary%20And%20Secondary%20Education%20Act%20Of%201965.pdf.

Van den Broek, E., & Dielemans, R. (2017). Bewuste taalvaardigheid in de klas [Language awareness skills in the classroom]. *Levende Talen Magazine, 4,* 12 – 16.

Verspoor, M., & Cremer, M. (2008). Research on foreign-language teaching and learning in the Netherlands (2002 – 2006). *Language Teaching, 41,* 183 – 211.

Verspoor, M., de Bot, K., & Xu, X. (2015). The effects of bilingual education in the Netherlands. *Journal of Immersion and Content-Based Language Education, 3,* 4 – 27. https://doi.org/10.1075/jicb.3.1.01ver.

West, L., & Verspoor, M. (2016). An impression of foreign language teaching in the Netherlands. *Levende Talen Tijdschrift, 17,* 26 – 36.

Wilhelm, F. A. (2005). *English in the Netherlands: A history of foreign language teaching 1800 – 1920 with a bibliography of textbooks.* PhD dissertation. Radboud Universiteit, Nijmegen.

案例/趋势

南苏丹小学教科书:改革以及固化冲突

凯瑟琳·范纳　苏塞卡·科文坦·列维　斯波格迈·阿克塞尔*

在线出版时间:2019 年 7 月 13 日
© 联合国教科文组织国际教育局 2019

摘　要　小学的教科书可以为学会和平与包容提供空间,但也可以固化不平等和分裂的信息。本文针对南苏丹 4 年级社会学、英语和基督教宗教教育的教科书进行了主题分析。在概念框架的指导下,本研究将教育定位为冲突的受害者、帮凶和教育改革者等多重潜在角色的重叠,指出教科书虽然涵盖了一些社会改革趋势的内容,但更多的是对现状的消极强化;虽然教科书明确鼓励追求和平、接受社会多样性及两性平等,但总体上它们强调要维护和接受社会规范,而不是批判性地质疑可能助长不平等和导致冲突的社会结构。本研究把教科书主要定位为冲突的帮凶,并描述了它们在宗教、种族、治理、性别和冲突等主题上的一些改革趋势。

关键词　教科书　和平建设　冲突　南苏丹　小学　学习材料

＊　原文语言:英语

凯瑟琳·范纳(加拿大)

麦克吉尔大学教育综合研究所博士后研究员,于渥太华大学获得博士学位。她的研究聚焦在撒哈拉以南的非洲地区及加拿大在性别、暴力和教育方面的关系。她曾在加拿大国际计划担任教育顾问,并在加拿大国际开发署(现为加拿大全球事务局)担任教育专家。她拥有卡尔顿大学国际事务硕士学位。

通信地址:Department of Integrated Studies in Education, McGill University, Room 244, Education Building, 3700 McTavish St., Montreal, QC H3A 1Y2, Canada

电子信箱:catherine. vanner@mcgill. ca

苏塞卡·科文坦·列维(加拿大)

渥太华大学的博士生和 Vanier 学者。她的研究兴趣包括性别教育冲突、难民和公民教育的临界区域。多伦多大学安大略教育研究所的讲师,也是加拿大全球事务局的教育政策分析员。

通信地址:University of Ottawa-Faculty of Education, 145, Jean-Jacques-Lussier Private, Ottawa.

电子信箱:tkovi018@uottawa. ca

斯波格迈·阿克塞尔(加拿大)

独立研究人员,目前正在与联合国儿童基金会合作,制定关于阿富汗女孩的经期健康管理和课堂领导力的教师指南。她曾在马萨诸塞大学工作,任美国国际开发署在阿富汗资助项目的研究生教育高级理事,在阿富汗开发了新的研究生课程。她还与高等教育部密切合作,为研究生教育制定国家政策框架。斯波格迈拥有多伦多大学安大略省教育研究所教育与国际发展博士学位,以及布鲁克大学教育学硕士学位。她出版了关于阿富汗的性别与教育发展方面的论著,对研究武装冲突、性别与教育之间的关系有着广泛的兴趣。

通信地址:Toronto, Canada

电子信箱:sakseer@gmail. com

在 2005 年《全面和平协议》(CPA)中商定的过渡期结束后,南苏丹于 2011 年获得独立。该协议结束了苏丹政府、苏丹人民解放运动/解放军和众多分裂团体之间数十年的冲突。最近的一次冲突发生在 2013 年 12 月。这次冲突虽被描述为族裔冲突,但人们普遍认为它是从一场复杂而长期的危机被过度简化而来(Johnson 2014;Novelli et al. 2016; Pinaud 2014)。许多和平条约未得到有效执行,广泛的冲突和流离失所已经对教育产生了毁灭性的影响。南苏丹是全球失学儿童比例最高的国家,小学毛入学率自 2009 年以来一直在下降(MoEST 2008 - 2015, as cited in IIEP-UNESCO 2017; UNICEF 2017)。南苏丹是一个学校稀缺的国家:自 2013 年 12 月以来,武装团体袭击了大约 31% 的小学;截至 2016 年末,曾一度投入运营的小学中就有 25% 的学校不再营业(South Sudan Education Cluster 2017)。在本文提交之时,南苏丹政府正在制定新的国家课程和附带的教学材料(UN Careers 2017; UNESCO 2017)。本文分析了当前南苏丹的小学教科书在促进和平建设与平等方面的机会和局限性。南苏丹许多教师素质不高,缺乏足够的培训和支持,在这样的环境下,这些教科书往往是课程的主要来源,也是教师和学生的重要资源,因此具有非常重要的影响。

根据教科书的用途,可将其同时归为显性课程和虚无课程的组成部分。显性课程是指学校囊括的官方、正式或公开的内容(Eisner 1985)。不是所有显性课程的内容都能被教师涵盖和/或被学生理解。虚无课程包括被正式课程忽略的、学校不教的知识——包括知识的内容、主题、价值观、态度及情感——通过那些被排除的内容和未被采用的对话显现于教科书中(Eisner 1985; Flinders, Noddings, and Thornton 1986)。发展显性课程的同时生成了虚无课程中的那些被排除的内容,这是一个高度政治化的过程,反映了有权影响课程决策的群体所重视的知识(Apple 2004)。课程里体现出一个具有争议性的要素,那就是社会建构带来的诸如种族、性别和民族的身份类别。教科书可以助长基本教育说和国家认同的排他形式,导致针对那些非主导群体的人直接的、结构性的、文化形式的暴力(Emerson 2018)。课程可以在维持对身份认同的主导惯例方面发挥强大作用,但也可以反叙事,呈现出挑战权力和特权中心的身份认同的替代表现(Nieto, Bode, Kang, and Raible 2008)。作为显性课程的代表,教科书的开发和使用始终是政治性的;在最近持续的武装冲突以及深刻的结构性不平等的背景下,情况更是如此。

本文针对南苏丹 4 年级小学生的社会学(MoGEI 2012a)、英语(MoGEI 2012b)和基督教宗教教育(MoGEI 2012c)等学科的教科书进行了专题分析,该教科书由普通教育教学部于 2012 年出版。我们的分析基于"冲突中教育的交叉角色"(IREC)的概念框架,该框架将教育定位为与冲突相关的多重潜在角色:受害者、帮凶和改革者(Kovinthan Levi, Akseer, and Vanner 2019)。这些角色可以重叠,并不相互排斥。在教育受到严重损害的背景下,教科书的内容虽然包含了一些社会改革的趋势,但大多数情况下都是消极地支持现状。虽然教科书中有时明确提倡和平、平等和多样性,但总体是强调维护和接受社会规范和结构的,并没有批判性地质疑助长不平等和导致冲突的社会分裂和制度。

南苏丹的教育

冲突

南苏丹的人口在族裔、语言和宗教方面具有高度的多样性。据估计,2010 年 60.5％的人口是基督徒,32.9％信奉非洲传统宗教(Pew Research Centre 2016)。宗教类别之间并非一定相互排斥:一些人也许把自己定为基督徒,却多少也相信一些传统非洲宗教。南苏丹有 60 多个主要族裔,最大的是丁卡族、努尔族和什鲁克族(GlobalSecurity.org 2018)。20 世纪末的几十年的冲突使苏丹和南苏丹之间遗留下了猜忌的风气(Breidlid 2013;Sharkey 2008)。阿拉伯语、阿拉伯文化被认为是苏丹文化的代表——虽然苏丹是南苏丹军队和现政府的宿敌——一直影响着南苏丹人,因为大部分南苏丹人将阿拉伯语当作第一语言(Novelli et al. 2016)。南苏丹存在一些与族裔有关的武装团体,团体内部也存在分歧,还存在许多能够导致冲突爆发的其他因素(Human Rights Council 2018)。这些因素包括极度贫困与不平等、暴力正常化,以及相互影响的政治、地理和经济带之间的分裂(Novelli et al. 2016)。军事精英们建立起了一个以滥用国家资源和宣扬军事贵族而臭名昭著的霸权权威(Pinaud 2014)。截至本文提交时,政府为了众多和平协议得以履行所做出的努力微乎其微(Human Rights Council 2018),却要坚决镇压任何形式的反对派——限制媒体,镇压批评者和它认为不支持国家行动的人(Human Rights Watch 2018)。冲突对平民的影响最为严重:估计有 190 万人在国内流离失所,240 万人逃难到在邻国(OCHA 2018)。随着越来越多的平民因种族或地理位置的原因成为袭击的目标,打着"族裔冲突"旗号的暴力被过度简化,变成了自我应验的预言(Human Rights Council 2018;Pinaud 2014)。儿童是最受残酷折磨的人群。据人权理事会称(Human Rights Council 2018),六种侵犯儿童的严重暴力行为近年在南苏丹都有发生:杀害和致残、征童兵、袭击学校和医院、绑架、强奸和性暴力、拒绝人道主义准入(Human Rights Council 2018)。饥荒、人际间暴力的正常化以及使妇女和女孩成为最脆弱群体的两性间的不平等,加剧了冲突对儿童的极端影响(OCHA 2018)。

教育

英国基督教传教士将正规学校引入现在的南苏丹地区(Garvey-Williams and Mills 1976),此事说明了该地区皈依基督教(Beshir 1969)。早期的教育主要侧重于宗教教育,而非素质教育(Collins 1983)。事实上,当时的英国殖民统治者有时会反对在苏丹南部扩大正规教育,因为担心教育会使人民与部落文化分离,降低部落领袖的效力,从而使这些部落更难治理(Johnson 2003;Sommers 2005)。因此,他们实施了柯林斯说的那项简称为"留给传教士去做"的教育政策,以限制教育在苏丹南部的传播(1983,p.198)。从 20 世纪 20 年代开始,英国殖民政府发生了转变,倾向于让部分南方人获得教育机会,以便他们成为政府的代理人(Bermingham and Collins 1984);但仍不鼓励很多群体接受教育,例如牧民社区和女孩们,因为政府认为对他们的教育没有用(Collins 1983;Johnson 2003)。这些态度导致了萨默斯(2005)提出的"教育岛屿"现象,即一些可受教育的区域是存在的。由于苏丹南部的教育系统仍不发达,许多地区无法接受教育,这种趋势贯穿了整个 20 世纪。20 世纪后半叶教育系统的治理还发生了诸多变化,几次改变了官方的教学语言,还引入了以伊斯兰为导向的教育系统(Breidlid 2013)。

签订《全面和平协议》之后,小学的入学人数大幅增加——增加了近 100 万名入学儿童,相当于小学在校人口的四倍(UNESCO 2011)。不幸的是,《全面和平协议》签订之后南苏丹在建立教育系统方面取得的大部分进展,如今已经被过去几年不断加剧的内部冲突破坏了。这场冲突严重影响了受教育的机会,由于教师的流离失所以及设施和材料被破坏,大多数学校无法正常运转。除了袭击人员破坏设施之外,学校还被征用为军事营地和武器库。因此,联合国儿童基金会(UNICEF 2015)估计,在 2015 年只有 34.7% 的小学适龄儿童上小学,儿童的入学比例自 2010 年以来逐年下降。截至 2015 年 5 月,有 40 万已入学的儿童失学(Novelli et al. 2016)。据估计,自 2006 年以来政府支出的 5% 至 8% 用于教育,而有时在已经很低的拨款预算中有一半以上都没有给付(Novelli et al. 2016;UNICEF 2015)。公共教育本应是免费的,但学校因父母无力支付一些非正式的费用而将许多儿童拒之门外(Novelli et al. 2016)。教育质量极低。教师尤其是女教师严重短缺。在现有小学教师中,只有 44% 接受过培训(GPE 2015)。教学材料、学习材料连同供水和卫生设施等基础设施都很匮乏(UNICEF 2015)。全国各地的短缺情况不同,在北部和中部县以及农村和偏远地区情况往往更加明显(Novelli et al. 2016)。

南苏丹的课程内容历来是高度政治化的。根据执政政府的不同,教学语言和特权宗教在阿拉伯语、伊斯兰教、英语和基督教之间来回切换。签订《全面和平协议》之后,英语和基督教就成为了课程里的官方语言和宗教,但它们也一直是斗争和抵抗的标靶(Breidlid 2013;Hammond 2013)。许多教师接受过阿拉伯语培训,无法用英语讲授新课程(Novelli et al. 2016;UNICEF 2015),许多学生既不会说阿拉伯语也不会说英语。官方的政策是促进母语教育,但母语教学资源稀缺而且有 64 种之多的母语语言,使得人们对如何实施这一政策感到困惑(Laguarda and Woodward 2013;Spronk 2014)。教育系统在融资和运营支持方面高度依赖外部支援,在受冲突影响的地区,出现了一个平行的教育供给系统(Holmarsdottir, Ekne, and

Augestad 2011; Novelli et al. 2016)。教育系统与为和平建设付出更多努力之间几乎没有联系(Novelli et al. 2016),但一些利益相关者仍然乐观地认为,有限的教育机会提供了一个空间,仍将有助于和平、和解与公民参与的发展(North-South Institute 2012)。

概念框架:教育作为受害者、帮凶和改革者

IREC 概念框架强调教育在冲突中可以扮演三个角色:受害者、帮凶和改革者。下面,我们对这些角色逐一进行描述。这三种角色并不相互排斥;相反,它们可以在冲突中同时存在。

教育是冲突的受害者

因武装冲突对教育往往产生深远的破坏性影响,所以人道主义者倡导增加对处于冲突环境中的教育的支持。尽管如此,人们如今认识到教育并不是一种固有的善,是学校的文化、课程及教学实践的性质与质量决定了教育在多大程度上有助于建设和平,或者有助于持续敌对。下面的概念框架反映了这种紧张的关系,该框架描述了作为冲突的受害者、帮凶和改革者的教育所存在的角色重叠现象(见图 1)(Vanner, Akseer, and Kovinthan 2017)。

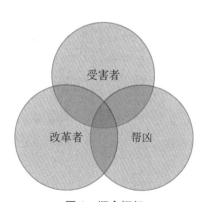

图 1　概念框架

冲突总是或多或少要损害教育的:学校经常被改造成军营或弹药库;儿童因遭到绑架或征募入伍而被剥夺受教育的机会;学生或教师流离失所;教材和教师工资中断发放;安全风险加剧,粮食安全风险加剧;很可能是所有这些情况同时发生(General Assembly Security Council 2016; Nicolai and Triplehorn 2003; Seitz 2004)。由于交叉暴力及不平等,受冲突影响的国家有一半儿童失学;尤其是女童,容易被学校拒之门外(UNESCO 2013)。

教育是冲突的帮凶

塔维尔和哈利(Tawil and Harley 2004)根据冲突背景、教育治理、课程范式转变、难以实施的政策问题以及研究的作用这五类分析把教育列为冲突的潜在帮凶。他们指出,对教育的治理及课程或可以增进对同一国家认同感的包容和尊重,或可以加剧社会的分裂、紧张和基于认同感的冲突。课程的内容也可以把暴力和战争正常化,尤其是在强调绝对服从权威的学校环境下(Bickmore 2014;Bickmore, Kaderi, and Guerra-Sua 2017)。戴维斯的伯明翰国际教育安全指数(2006)也指出教育对和平建设的作用存在或积极或消极的两种可能性;然而,它将这些过程置于一个从消极作用到积极作用的连续统一体中。遭受冲突方从(消极的)疏忽、战争常规化、成见、忠诚和守护课程,转变为(积极的)仇恨课程;冲突的制造方从(消极的)容忍、解决冲突、人道主义教育、对话和对抗,到(积极的)挑战,再到暴力。

教育是冲突的改革者

然而,教育可以严肃地承认冲突和不公正的存在,鼓励发展批判性思维、对话及跨过历史分歧进行关系建设,从而促进社会的转型(Gill and Niens 2014)。加尔东(Galtung 1969)的积极和平概念描述了如何通过参与、对话和合作决策等民主形式来解决冲突的根源,这些民主形式寻求理解并解决直接冲突和结构性的文化暴力。从教育方面来讲,这要求课程和教学法去促进对话,建立共识(Bickmore 2014)。诺韦利、洛普斯-卡多佐和史密斯(Novelli, Lopes-Cardozo and Smith 2017)写道,教育改革将增强四个相互关联的"R":再分配(redistribution)、承认(recognition)、体现(representation)和协调(reconciliation)。通过教育实现完全和平需要批判性思维、解决冲突的技能以及"冲突意识",这相当于承认冲突,并努力利用社会正义框架来理解导致冲突的根源(Galtung 1976, 1985)。这些技能和价值观必须被刻意地纳入正规和非正规课程中,以培养学生的各项技能,从而转变分歧和不平等,创造一个更加公正的社会(Davies 2006)。

虽然受害者、改革者和帮凶这几个角色看上去大相径庭,它们却往往在紧张中共存(Kovinthan Levi, Askeer, and Vanner 2019)。如果不投入到更广的和平建设工作中去,扎根于协调解决结构性不平等的体系,教育工作就不可能改变社会。但教科书可以增强个人韧性,使人能够利用机构去理解、去生存和去质疑大大小小的冲突(Davies 2010)。下面将分析南苏丹4年级的英语、社会研究和基督教宗教教育这几门课的教科书是如何扮演冲突的受害者、改革者和帮凶这几类角色的。

研究方法

　　本文记述的是我们的合作项目"教科书在受冲突影响国家里进行和平建设所起的作用"的部分工作。团队中的每个人分别就不同国家的教科书独立开展工作,并定期举行会议来分享研究成果,探讨出现在不同国家的共同主题。

　　在分析过程中,我们使用了布劳恩和克拉克(2006)的六阶段主题分析方法:熟悉数据、总结初始编码、按潜在主题组织数据、回顾主题并生成主题分析图、细化每个主题及整个事件,并在最终分析时生成报告。我们之所以选择这个分析过程,是因为它非常严格。此外,它步骤清晰,给我们提供了可遵循的独立结构,同时允许彼此在完成不同步骤时进行对比分析,为合作提供了良好的条件。第一作者独立进行了南苏丹教科书的初步数据分析;其他作者参与了几个阶段的讨论,以便建成一个与整个项目相关的更大的编码本。然后,第一作者对这本编码本进行了改编,使其更适用于南苏丹教科书。我们的团队在建立了原始主题并生成主题地图后,开会讨论了新出现的主题。在项目的文献综述阶段生成的编码本的基础上,我们创建了初始编码,并根据每个国家的教科书文献确定了以下六个主题:发展援助、语言、宗教、种族、历史背景和治理(Vanner, Askeer, and Kovinthan 2017)。然后,我们利用对教科书的初始编码,在上面列表的基础上有所增减,最终确定了以下主题:性别、语言、宗教、冲突、殖民、和平、社区、公民责任、治理、团结、全球化和军事化。这个长长的列表是我们的主要编码本。

　　然后,每一位作者都拿着这本编码本,根据与教科书最为相关的主题对其数据进行改编以便组织数据,为每一个案例创建了一个不同但相互关联的记述。这些主题用于组织每个案例的结果部分。然后,我们根据概念框架(作为受害者—帮凶—改革者的教育)分析了每一个主题,并在最后的写作和分享过程中,通过公开展示和其他团队成员的复审,对其进行验证。根据对南苏丹教科书的话语分析我们确定了主要主题:宗教、种族多样性、治理、性别和冲突。我们根据这些主题出现的次数以及我们对其与南苏丹冲突的性质的相关性的观察,对它们进行了优先排序。

结　　果

宗教和种族多样性

　　尽管南苏丹宗教具有多样性,但基督教教育是所有学校的核心课程,基督教被定位成比传统宗教或伊斯兰教更受重视的宗教。在所有教科书中,基督教被描述为社区生活的中心,例如,在社会学课文中,教会在文本和图片中都被描述为社区的中心部分(见图 2)。基督教宗教教育课文强化了教会的地位,该课文引用了《以弗所书》6：1—4 中的建议："照着主的教训和警戒养育［你的孩子］。"（MoGEI 2012c，p. 39）与南苏丹被边缘化的其他宗教不同，教科书每每提到基督教时都把它当作社区和家庭的核心。社会学教科书中说道：

> 所有宗教都有道德法则。这些规则告诉我们如何良好表现，做正确的事（MoGEI 2012a，p.33）。

上面的陈述表明宗教之间存在相似性，即都能起到积极的作用。而与基督教不同的是，伊斯兰教或传统宗教就很少被明确说成是现代南苏丹社会的积极因素。

教科书中经常提及非洲传统宗教，但大多采用过去时，将其描述为过时的习俗。例如，社会学课文：

> 我们的人民相信，他们可以通过拿食物作为礼物与死去的亲属交谈。他们在宗教仪式上献祭鸡、山羊和公牛。不同的部落在上帝那儿有不同的名字（MoGEI 2012a，p.34）。

虽然少数人群中仍然有相当一部分人信奉这些宗教，但过去时态的使用说明这些宗教已经不再重要。还有一种观点认为，其他宗教信仰现在被认为是不真实的，与《圣经》故事相左，而《圣经》故事才是历史事件。社会研究课文还说由于基督教的引入，南苏丹传统宗教习俗消失了：

图 2　约翰的村庄，《社会研究》，第 6 页

学校教育改变了我们许多人的传统生活方式。基督教信仰现在影响着我们的生活。在一些社区,年龄段概念逐步消失,入会仪式也很少举行(MoGEI 2012a, p.39)。

虽然教科书方面鼓励学生对其他主题展开讨论或反思,却不鼓励学生对这一方面进行批判性质疑。

教科书极力鼓励人们接受种族多样性。例如,基督教宗教教育课文指出:

我们可以试着欢迎那些从其他地区来到我们社区的人。我们必须记住,上帝创造了彼此不同的人,因而我们各不相同(MoGEI 2012c, p.55)。

该陈述承认且推进种族多样性。社会研究的课文描述说移民是冲突导致的,并鼓励接受新人:

在过去几年里,我们看到不断有新的社群进入我们国家。他们已经在我们村庄附近定居,我们的人正与他们一起工作和开展贸易(MoGEI 2012a, p. 30)。

该单元描述了一个故事:一位村里的长者在课堂上讲述了该州的移民历史以及对新人的接纳,清晰地表现出一种对于弥合种族分歧的努力。但是教科书仍然把社群描述为建立在共性之上:

社群由有着共同行为方式的人组成。例如,说同样的语言,唱同样的歌,吃相似的食物,跳相似的舞(MoGEI 2012a, p.28)。

不同种族,语言和文化习俗往往也不同。因此该陈述认为,社群是由来自同一种族的人组成的,新来者应该受到欢迎,但应该留在单独的社区。一名学生问村里的老人"这些人是何时来到我们国家的? 为什么来?"(MoGEI 2012a, p.32)"我们国家"这个所有格的使用说明新来者对该地区的权利主张比原始居民要少。

历史上对阿拉伯人的称呼更明确地体现了与种族差异有关的敌意。社会研究的课文是这样描述现南苏丹地区不同宗族之间的冲突的,包括将阿拉伯人称呼为"奴隶贩子"。

1850 年至 1900 年间,阿拉伯奴隶贩子来到了赞德兰。首先,他们请求格布杜国王允许他们进入他的王国购买象牙和食物。一段时间后,阿拉伯人开始把阿赞德人当作奴隶。阿拉伯人打败了阿赞德人,因为他们有枪,而阿赞德人只有长矛、箭和战刀。阿拉伯人俘虏了许多阿赞德人,并将他们关押起来,直到他们得到换取自由的象牙(MoGEI 2012a, p.57)。

教科书鼓励学生们画一幅阿赞德人与"阿拉伯奴隶贩子"斗争的图画。其用词与对其他殖民群体的中立或正面的描述完全不同。例如,在社会研究的课文中对阿赞德部落的胜利的描述如下:

> 格布杜国王凭借其勇敢的军队征服了马里迪地区的部落……打败摩鲁是不可能的。然而,格布杜国王把他的军队从摩鲁山上赶走,征服了阿巴卡人、阿蒙杜人、阿班加人、邦戈人、朱尔·贝尔人和阿米图人。然后他让这些人成为他的臣民(MoGEI 2012a, p.57)。

教科书对欧洲人的描述也是正面的:

> 欧洲人作为传教士来自不同的国家。他们建造了教堂,他们是我们的基督徒朋友(MoGEI 2012a, p.32)。

阿赞德人和欧洲人之间的暴力与争夺领土有关,但把阿拉伯人描述为欺诈的奴隶贩子却是少见的。

治理

"治理"一词是指统治的行为或风格,包括政策和服务的制定与实施,以及国家对公职人员和公民的期望。教科书把公民身份描述为公民服从领导者并相信领导者所为是最好的。顺从和尊重权威体现在所有教科书中,在基督教宗教教育课文中尤甚。领导人的权威在其中被定义为是上帝赋予的。基督教宗教教育课文中明确指出,领导者的权威来自上帝:

> 每个人都必须服从国家的权威,因为未得上帝的批准,任何权威都不存在(MoGEI 2012c, p.37)。

"服从权威"中的"权威"指所有权威人物。学生被明确指示要服从老师、家长和教会领袖,然后还要服从政府:

> 我们必须服从国家的领导人……当我们服从领导人时,上帝是高兴的。《圣经》告诉我们要服从领导人(MoGEI 2012c, p.41)。

　　教科书在任何时候都不鼓励学生批判性地看待领导人个人或群体的作用或行为。即便有迹象表明领导人并不总是以人民的最佳利益行事,也要鼓励学生接受权威。正如基督教宗教教育课文中所述,"让我们祈祷领导人可以维护我们社群的和平吧"(MoGEI 2012c, p.55)。

　　这些教科书描绘出一幅繁荣的景象:人们可以获得并负担得起历史上从未有过的服务,但社群必须参照传统的做法。例如,基督教宗教教育课文中是这样描述医疗体系的:

> 你生过病吗? 你发烧时医生会怎么做? 医生给你量体温,检查你的身体,然后给你吃药。在耶稣的时代没有医院。病人经常待在家里(MoGEI 2012c, pp.18 - 19)。

　　这篇课文误导人们以为现在人人都可以轻松获得医疗保健。在教育方面,基督教宗教教育课文指出,尽管公共教育应该是免费的,但家长们还需要支付孩子的学费;它还指出这些服务都是通过纳税人的钱来运作的:

> 我们缴纳的税款用于修建学校和医院。为了社群的利益,我们应该纳税。那些不纳税的人应该受到惩罚(MoGEI 2012c, p.36)。

　　教科书还通过描写手机和电脑等技术的广泛应用提到了个人财富。社会研究的课文指出:

> 仍然有人用手写来交流,但当今的人们经常通过电脑和移动电话发送书面信息。如今最流行的交流方式是打电话(MoGEI 2012a, p.49)。

　　总的来说,这些陈述描述了社会服务的运行是由纳税人的钱和获得物资商品的便利性来推动的,这些商品改善了人们的生活质量。教科书没有讨论贫困和不平等现象,这给人一种所有人或大多数人都能得到所需要或想要的资本和社会服务的印象。

性别

　　教科书有时会描写女性参与就业和参加非传统女性活动,借此挑战性别上的传统规范。例如,英语教科书中的一幅图片(见图 3)展现了女性在电脑前工作、修理飞机,以及向社区介绍新技术的情景。教科书有时会描述女孩如何表现出超强的能力和远大的抱负,比如英语教科书中关于丽贝卡的故事:她如何克服脊髓灰质炎造成的残疾,如何挣钱支付学费;丽贝卡想学做其他东西,她擅长手工,她想学习更多的数学知识和如何给商人写信;长大后,她想经营自己的生意(MoGEI 2012b, p. 82)。

图 3　职业女性,《初级英语》,第 87 页

　　虽然教科书会对女性扮演非传统角色进行描写,但总体而言,教科书中体现男性的描写较女性要更多,尤其是对男性处于权威和决策职位的描写。三本教科书中共有 284 张男性的图片,166 张女性的图片(不包括性别不明的图片数量)。维持传统的家务分配已经成为一种模式,例如男孩放牛或打猎,妇女取水或做饭(见图 4)。教科书更多地描写女性处于从属地位,而将男性置于权威地位,反复申明妇女们应该服从上述的权威。例如,在基督教宗教教育教科书中,耶稣多次命令女人准备食物,或让女人为他准备食物,从没有出现让男人做这些的叙述。

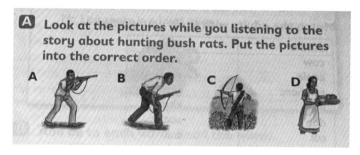

图 4　狩猎林鼠,《英语》,第 67 页

　　这些课文还描写了女性在婚姻中的从属地位。基督教宗教教育课文就引用了《圣经》中对待男女的不同态度(MoGEI 2012c, p. 39)。要求男人要保护妻子,而女人则服从丈夫。我们还注意到很多处当提及彩礼时采用的语言是价值中立的,没有任何质疑也不鼓励学生反思这种做法。例如,社会研究的课文指出,

传统的婚姻都是由新郎(男孩)的父母安排。他们向新娘(女孩)的父母支
付彩礼。在新娘被交给丈夫的那天,将举办一场盛大的宴会,有食物、饮料、音
乐和舞蹈。很多人都来祝这对夫妇幸福。在一些社群,想娶同一个女孩的男人
之间存在竞争。他们的竞争就是看谁能支付最多的彩礼。能够拿出最多牛的
男人胜出并迎娶女孩(MoGEI 2012a, p.35)。

这一段通过描述男子竞争与女孩结婚来支持童婚。男人们通过牛的数量来争
夺与她牵手,让她在结婚对象上无选择权。

冲突

教科书中采用审慎反思的方式描述冲突,其中既有美化的,也有价值中立的。
社会研究的课文描述了发生在不同种族之间的一系列权力斗争。对于这些战斗及
相关内容都用一种积极的、有价值倾向的语言描述,例如:

阿赞德人在强大的首领领导下团结起来,征服了新的地区,建立了新的王
国(MoGEI 2012a, p.55)。

描画这些战斗和战士的图片有很多(见图 5、图 6)。教科书鼓励学生去绘制自己
的战斗图。现代男性在图画中也经常被描绘成携带武器的样子:三本教科书中,共
有 11 幅男人或男孩子手持长矛、枪或其他武器的图像(不包括明显用于狩猎、捕鱼
或农业的器具图片)。该课文没有提及历史冲突可能导致死亡、破坏和痛苦,因此在
不考虑其后果的情况下,暴力行为被有价值化了。

图 5　阿赞德战士,《社会研究》,第 57 页

图 6　国王格布杜,《社会研究》, 第 56 页

教科书中对殖民行为的描述大多是价值中立的,没有解释什么是殖民以及对南苏丹国家有何影响。如前所述,社会研究的课文将阿赞德国王格布杜描述为"征服"了阿巴卡人、阿蒙杜人、阿班加人、邦戈人、朱尔·贝尔人和阿米图人,并"使这些人成为他的臣民"(MoGEI 2012a, p. 57)。教科书以相同方式描述英国人和阿赞德人之间的一场战斗,英国人在这场战斗中获得了对该领土的控制权,导致"阿赞德王国的终结"(MoGEI 2012a, p. 58)。然后通过柏林会议实现了欧洲对苏丹的殖民,教科书对此用净化过的语言这样描述:

> 1885 年,欧洲国家在德国首都柏林举行会议,商谈如何将非洲划分为殖民地。会议决定苏丹成为英国的殖民地(MoGEI 2012a, p. 59)。

社会研究的教科书没有讨论成为殖民地有何意义,它主要用过去式描述冲突,表明冲突是历史性的、已完成的,对南苏丹不再造成影响。关于最近的内战,教科书中有以下的陈述:

> 我们国家曾经发生过战争。人们被杀,牲畜被掠走,粮食作物被毁。战争导致一些地区脱离了我们的国家(MoGEI 2012a, p. 30)。

这个陈述承认内战产生了负面影响,但没有说明几十年的暴力对民众产生影响的程度。

讨　　论

在 IREC 框架内,可以把南苏丹 4 年级教科书的内容定位在"冲突的帮凶"和"教育改革者"这两个领域的重叠处。尤其是在明确鼓励性别平等和欢迎移民等方面,教科书表现出对于改革教育的一些努力。但是对于冲突,无论是近期的暴力冲突,还是贫困、性别不平等和殖民主义等更广意义上的结构性暴力,教科书都采取了明显的忽略态度,这就在一定程度上掩盖了这些积极的势头。还有一些例子表明,一些课文延续了一贯的成见和分裂,这些都是我们把教科书主要归类为冲突的帮凶的原因。

承认平等和多样性

教育扮演"改革者"角色的一个重要方面就是解决和纠正不平等。本文所讨论的教科书中就有一些旨在纠正由性别角色和移民造成的种族冲突导致的不平等和分裂的内容。教科书明确鼓励人们接受新来者,接受不同,这有助于促进包容与和平共处。它们描写了妇女和女孩担当起非传统性别角色,是她们能力和自信的表现。由于南苏丹是世界上性别不平等测评中排名最低的国家(UNESCO 2011),教科书的这种表现(展示妇女和女孩具有完成挑战性任务的能力,能够利用传统男人和男孩才有的力量和智慧)展现了它们在有意识地挑战歧视性规范上所做的努力。教科书中对非传统空间中的妇女和女孩的描写以及对新来者的接受程度的提升体现了"4R"模式(Novelli, Lopes-Cardozo, and Smith 2017)中的"承认",包括课程对多样性的认可。在戴维斯的 2006 年伯明翰国际教育安全指数中,教科书因鼓励容忍差异,登上了"消极地结束了主动冲突"的榜尾。

然而,这些努力最终未能成就教育改革,因为它们没有首先承认和解释存在不平等以及纠正冲突和分裂的根源。拒绝承认不平等被视为"忽略导致的暴力"(Davies 2010; Salmi 2000),对历史和当前不平等的根源缺乏解释,意味着纠正不平等的努力将无法得到充分的理解,学生也无法理解其重要性和意义。

冲突意识

批判性思维和冲突意识是教科书中进行教育改革所缺少的关键部分。建设和平应该是一个积极主动的过程,需要鼓励学生做积极公民,培养参与建设所需的技能(Cremin and Guilherme 2016),包括反思不平等、贫困和冲突的根源。要做到这一点,承认存在贫困、性别不平等和冲突至关重要。学校应该鼓励学生通过讨论问题、参加活动以及陈述多种观点和多种角度来形成自己的观点。教科书反其道行之,强调服从权威人物,鼓励顺从文化,而不是批判性思维和对话(Bickmore 2014)。我们可能会认为,"祈祷领导人去维护和平"的建议是一种微妙的暗示,暗示领导人可能并不总是为着和平而行事;但教科书却认为,无论对政府人物、教会、学校,还是对家庭而言,服从权威都是至关重要的。事实上,在基督教宗教教育教科书中有言道,挑战国家权威等同于挑战上帝。教科书向学生灌输国家领导人拥有一种君主般权威的正当性。它们忽视了南苏丹社会服务面临的许多挑战,包括资金短缺、腐败、难以获得和负担不起;事实上,它们将这些服务描述为可获得且负担得起的服务。由于没有提及贫困和不平等,学生们无法理解导致这些毁灭性社会弊病的历史和当前原因。因此,他们无法质疑或挑战这些社会现实,从而强化了不平等这种可接受而且隐秘的现状。

在教育改革的框架中,学生从结构和人际关系上反思导致各种冲突的因素,以便他们可以思考并参与冲突解决的过程(Galtung 1976,1985)。相关教科书出版于2012 年,是在 2013 年最近的冲突爆发之前;然而,《全面和平协议》签订之后,局势持续紧张,偶尔发生暴力冲突。教科书未提及贫困或不平等,同样在显性课程中也没有提及当前的摩擦、社会分裂或武装冲突,而是把这些留给了虚无课程。教科书所描述的冲突,是指历史上的征服。描述历史战争的荣光有助于将暴力合法化,是一种获得领导地位和政治控制的手段,而留给学生们思考如何解决当前的个人冲突和社会冲突的机会却不多。此外,当冲突被美化和重视时,发展解决冲突的技能的必要性就变得不明确了。

此外,教科书丧失了培养与结构性暴力形式更为相关的冲突意识的机会。当教科书提到 1884 年的柏林会议时,它们没有讨论苏丹成为殖民地的意义,这使得学生们很难理解这一事件的巨大影响。教科书没有讨论殖民化以及历史和持续的冲突对南苏丹社会的影响,导致人们接受暴力作为现状,认可接受武装接管以获得政治主导和控制的合法性。重复现状使暴力正常化,并进一步加剧冲突(Davies 2010)。

另外,教科书也丧失了触及性别不平等导致的结构性暴力的机会。这些教科书展示了促进女孩和妇女从事非传统就业的图画工作。但是同男人和男孩相比,教科书中对女人和女孩的描写无论从描写数量上,还是从描写女性在家庭生活中的从属和遵从地位上,体现出来的都是性别不平等,这和教科书的努力背道而驰。教材中关于彩礼的课文就是一个明显的例子:该课文描述为了换取牲畜,女孩子们被卖给老男人,却不引导学生对此进行讨论或回应;课文描述妇女和女孩对自己人生中的重大决定几乎没有话语权,然而课文没有就此提出挑战或质疑。

固化分裂

教科书主动提及要与新来者共享空间,表明了它们在努力鼓励共享国家身份

(Tawil and Harley 2004)。但这种努力是有限的,因为它们没有提有社群因种族和宗教差异而变得更富有这一点。课文中很少明确提出伊斯兰或非洲宗教是现代南苏丹社会的积极因素的说法,而许多这方面的说法都与基督教有关。这种叙事方式强化了基督教的主导地位和优越性:传统宗教在教科书中被描述为历史性的、过时的;而对穆斯林的宗教习俗根本没有涉及;基督教和基督教徒的优越性得以确认,从而助长了分裂。再明确些说,这些课文把阿拉伯人描述为欺骗和残忍的奴隶贩子,而欧洲人被称为"我们的基督教朋友"。把阿拉伯人视为敌人的说法,是在以阿拉伯语为主的北方(现在的苏丹)和以"非洲"为主的南方(现在的南苏丹)之间几十年的内战中形成的。教科书对以共同的文化、语言和宗教为基础的同一国家认同,对该国广泛的种族和文化多样性的排除,以及对群体间的持续冲突的描述,说明了阿拉伯北苏丹和"非洲"南苏丹之间的分裂。由于有助于成见的持续,教科书被定位于伯明翰国际教育安全指数负面—冲突等级的中间位置(Davies 2006),表明其对负面成见的包容。

结　　论

　　IREC 框架展现了教育是如何同时扮演受害者、帮凶和改革者角色的。我们在 IREC 框架(Kovinthan Levi, Akseer, and Vanner 2019)下,考察了教科书在饱受冲突困扰的南苏丹所起的作用。在这一背景下,教科书同时扮演着多重的、可能是相互矛盾的角色。由于教育本身的低普及率,以及在生成和分配方面的挑战,接受教育的机会稀缺,因此教科书在教育受害者这一角色下所起的作用最为突出(Vanner, Akseer, and Kovinthan 2017)。教科书的作用在受害者、帮凶及改革者这几个角色中交叉重叠,这一点体现在学校里的孩子——尤其是城市里和受冲突影响较小地区的孩子——更容易获得教育机会。这进一步加剧了不同处境儿童之间在知识和机会上的差距,从而加剧了结构性不平等。这些教科书也在改革者和帮凶角色之间重叠,试图纠正性别不平等,促进种族多样性,却也忽略了对不平等和敌意的来源的探究——这种忽略阻碍了针对改变这些根源的讨论,从而加剧了现状。因多数的教育体系中,实践和材料最终都属于无法明确分类的范围,所以教科书的这些重叠的作用都是很重要的,对教育朝着某些方向发展起积极作用,而在另外的方向上却有着消极作用。

　　在严重分裂的南苏丹建立社会凝聚力需要有意义的批判性思维和解决冲突的技能,而这些似乎通过本文所讨论的教科书不太可能培养,因为教科书并不承认这些分裂。相反,相较于讲阿拉伯语、信奉伊斯兰教的北苏丹,教科书强化了对讲英语、信奉基督教的非洲南苏丹的优势的描述。(截至本文提交时)新教科书的开发为那些能更周详地解决冲突的材料,和让学生和教师都能参与到促进和平与社会凝聚力所必需的技能的发展的材料提供了机会。随着 MoGEI 取代了这些教科书,它可以为教育变革因素创造空间。这些因素可以包括承认历史上的分裂、贫困和不平等;包括确认男女在公共和私人生活中担任非传统角色的差异性和平等的代表性;包括鼓励对导致冲突的因素进行批判性思考。教科书应该鼓励学生反思社会差异的积极因素,包括种族、宗教、性别、社会经济和地理,并考虑通过挑战不平等和发展解决冲突的技能,更和平地生活在一起的有关策略。为了使这些策略成功,要在教科书中进行意图更明显的体现,以及鼓励开展为和平建设而努力的积极的教学法的讨论和活动。然而,这些发展的可能性必须在比南苏丹教育系统更广的背景下才可以实现。培养批判性思维、对话和解决冲突的能力的教学法非常复杂,需要娴熟的教师(Bajaj 2015;Bickmore 2014),但在南苏丹,大多数小学教师几乎没有接受过培训。此外,在南苏丹,受教育率较低,教科书的分发往往不完整,因此,与其他地方的核心教科书相比,南苏丹教材的可获得性更加有限。

　　最近有迹象表明,在南苏丹承担倡导和平这一艰巨任务的人是受过教育的青年。"♯Anataban(阿拉伯语的意思是'我累了')"是一个由年轻人领导的运动,它利用艺术和社交媒体来抗议正在发生的暴力,并庆祝南苏丹的多样性和潜力。截至发布声明时,该组织在推特(Twitter)上拥有 5 600 多名粉丝,其音乐视频在 You-Tube 上的浏览量超过 10 万次(Zaremba 2018)。该组织的许多领导人都受过大学教育,代表着年轻的社会精英,代表着接受过一小部分高等教育的南苏丹人。他们还代表着伟大的希望,即下一代可能会利用知识和特权挑战暴力和不平等现象,向政府施加压力,将和平和制度建设列为优先事项,并逐步扩大能够接受优质教育的儿童和年轻人的数量,创造可能的良性循环。学习材料中的课程内容是一个重要的起点,由此确保儿童能意识到自己有受教育的权利,从而能够入学并为和平作出积极贡献。

(王雅琨　译)

参考文献

Apple, M.A. (2004). *Ideology and curriculum* (3rd ed.). New York, NY: Routledge Falmer.

Bajaj, M. (2015). "Pedagogies of resistance" and critical peace education praxis. *Journal of Peace Education*, 12(2),154 – 166. https://doi.org/10.1080/17400201.2014.991914.

Bermingham, J., & Collins, R.O. (1984). The thin white line. In R. Collins (Ed.), *The British in the Sudan, 1898 – 1956: The sweetness and the sorrow* (pp.172 – 215). Stanford, CA: Hoover Institution Press.

Beshir, M.O. (1969). *Educational development in the Sudan*. Oxford: Clarendon Press; Oxford University Press.

Bickmore, K. (2014). Peacebuilding dialogue pedagogies in Canadian schools. *Curriculum Inquiry*,

44(4),551 - 582.

Bickmore, K., Kaderi, A. H., & Guerra-Sua, A. (2017). Creating capacities for peacebuilding citizenship: History and Social Studies curricula in Bangladesh, Canada, Colombia, and Mexico. *Journal of Peace Education, 14*(3),282 - 309.

Braun, V., & Clarke, V. (2006). Using thematic analysis in psychology. *Qualitative Research in Psychology, 3*, 77 - 101.

Breidlid, A. (2013). The role of education in Sudan's civil war. *Prospects, 43*, 35 - 47. https://doi. org/10.1007/s11125-012-9257-3.

Collins, R. O. (1983). *Shadows in the grass: Britain in the southern Sudan, 1918 - 1956*. New Haven, CT: Yale University Press.

Cremin, H., & Guilherme, A. (2016). Violence in schools: Perspectives (and hope) from Galtung and Buber. *Educational Philosophy and Theory, 48*(11), 1123 - 1137. https://doi. org/10. 1080/00131857. 2015. 1102038.

Davies, L. (2006). Understanding the education - war interface. *Forced Migration Review Supplement—Education and Conflict: Research, Policy and Practice, 13 - 14*. https://www. fmreview. org/sites/fmr/files/FMRdownloads/en/FMRpdfs/EducationSupplement/full. pdf.

Davies, L. (2010). The different faces of education in conflict. *Development, 53*(4), 491 - 497. https://doi. org/10. 1057/dev. 2010. 69.

Eisner, E. (1985). *The educational imagination: On the design and evaluation of school programs* (2nd ed.). New York, NY: Macmillan.

Emerson, A. (2018). The making of the (il)legitimate citizen: The case of the Pakistan studies textbook. *Global Change, Peace and Security, 30*(3), 295 - 311. https://doi. org/10. 1080/14781158. 2018. 1501011.

Flinders, D. J., Noddings, N., & Thornton, S. J. (1986). The null curriculum: Its theoretical basis and practical implications. *Curriculum Inquiry, 16*(1),33 - 42.

Galtung, J. (1969). Violence, peace, and peace research. *Journal of Peace Research, 6*(3),167 - 191.

Galtung, J. (Ed.) (1976). *Peace, war and defense: Essays in peace research (Vol. 2)*. Copenhagen: Ejlers.

Galtung, J. (1985). *Peace education: From peace movement ideals to ministry of education ideals, or How to succeed in peace education without really trying*. Lecture, May 1985, Troms, Norway. https://www. transcend. org/galtung/papers/Peace% 20Education-How% 20to% 20Succeed%20in%20Peace%20Education%20Without%20Really%20Trying. pdf.

Garvey-Williams, F. H., & Mills, L. R. (1976). *Education in the Southern Sudan: The education system in the southern region and proposals for its development during the Six-Year Development Plan of the Democratic Republic of the Sudan, 1977/78 - 1982/83*. Paris: UNESCO; Geneva: International Labour Organization.

General Assembly Security Council (2016). *Children and armed conflict*. Report of the Secretary General. New York, NY: United Nations (20 April). http://www. undocs. org/s/2016/360.

Gill, S., & Niens, U. (2014). Education as humanisation: A theoretical review on the role of dialogic pedagogy in peacebuilding education. *Compare, 44*(1), 10 - 31. https://doi. org/10. 1080/03057925. 2013. 859879.

GPE [Global Partnership for Education] (2015). *79 000 teachers needed in South Sudan*. https://www. globalpartnership. org/blog/79000-teachers-needed-south-sudan.

GlobalSecurity. org (2018). *South Sudan tribes*. https://www. globalsecurity. org/military/world/war/south-sudan-tribes. htm.

Hammond, H. (2013). Language of instruction for increased access to relevant education for conflict-affected children in South Sudan. *International Affairs Review, 21* (2), 2 - 25.

Holmarsdottir, H., Ekne, I., & Augestad, H. (2011). The dialectic between global gender goals and local empowerment: Girls' education in Southern Sudan and Southern Africa. *Research in Comparative and International Education, 6* (1), 14 - 26. https://doi.org/10.2304/rcie.2011.6.1.14.

Human Rights Council (2018). *Report of the Commission on Human Rights in South Sudan*. New York, NY: United Nations General Assembly. https://reliefweb.int/sites/reliefweb.int/files/resources/A_HRC_37_71_0.pdf.

Human Rights Watch (2018). *South Sudan: Events of 2017*. New York, NY: Human Rights Watch. https://www.hrw.org/world-report/2018/country-chapters/south-sudan.

IIEP-UNESCO [International Institute for Education Planning] (2017). *South Sudan education sector analysis, 2016: Planning for resilience*. Paris: IIEP-UNESCO.

Johnson, D. (2003). *The root causes of Sudan's civil wars*. Indianapolis, IN: Indiana University Press.

Johnson, D. (2014). Briefing: The crisis in South Sudan. *African Affairs, 113* (451), 300 - 309. https://doi.org/10.1093/afraf/adu020.

Kovinthan Levi, T., Akseer, S., & Vanner, C. (2019). *Reconsidering textbooks for peace: The intersecting roles of education in conflict (IREC)*. Manuscript submitted for publication.

Laguarda, A., & Woodward, A. (2013). They own this: Mother tongue instruction for indigenous Kuku children in Southern Sudan. *School Psychology International, 34* (4), 453 - 469. https://doi.org/10.1177/0143034312446893.

MoEST [Ministry of Education, Science, and Technology] (2008 - 2015). *EMIS databases*. Raw data. Juba: MoEST.

MoGEI [Ministry of General Education and Instruction] (2012a). *Primary Social Studies 4*. Juba: Government of the Republic of South Sudan.

MoGEI (2012b). *Primary English 4*. Juba: Government of the Republic of South Sudan.

MoGEI (2012c). *Primary Christian Religious Education 4*. Juba: Government of the Republic of South Sudan.

Nicolai, S., & Triplehorn, C. (2003). *The role of education in protecting children in conflict*. London: Humanitarian Practice Institute.

Nieto, S., Bode, P., Kang, E., & Raible, J. (2008). Identity, community, and diversity: Retheorizing multicultural curriculum for the postmodern era. In F. M. Connelly, M.F. He, & J. Phillion (Eds.), *The SAGE Handbook of Curriculum and Instruction (Chapter 9)*. SAGE: Thousand Oaks, CA.

Institute, North-South (2012). *Educating for peace in South Sudan*. Ottawa: North-South Institute.

Novelli, M., Daoust, G., Selby, J., Valiente, O., Scandurra, R., Deng Kuol, L.B., & Salter, E. (2016). *Exploring the linkages between education sector governance, inequity, conflict and peacebuilding in South Sudan*. http://learningforpeace.unicef.org/wp-content/uploads/2016/07/Equity-Governance-Education-and-PB-in-South-Sudan.pdf.

Novelli, M., Lopes Cardozo, M. T. A., & Smith, A. (2017). The 4 Rs framework: Analyzing education's contribution to sustainable peacebuilding with social justice in conflict-affected contexts. *Journal on Education in Emergencies, 3* (1), 14 - 43.

OCHA [United Nations Office for the Coordination of Humanitarian Affairs] (2018). South Sudan. *Humanitarian Bulletin, 4*. New York, NY: OCHA. https://reliefweb.int/report/south-sudan/south-sudan-humanitarian-bulletin-issue-04-30-april-2018.

Pew Research Centre (2016). Pew-Templeton Global Religious Futures Project: South Sudan. Pew Research Centre. http://www. globalreligiousfutures. org/countries/south-sudan ♯/? affiliations _ religion _ id = 0&affiliations _ year = 2010&region _ name = All% 20Countries&restrictions_year=2015.

Pinaud, C. (2014). South Sudan: Civil war, predation and the making of a military aristocracy. *African Affairs, 113*(451),192 – 211. https://doi. org/10.1093/afraf/adu019.

Reisman, L., & Janke, C. (2015). Conflict-sensitive teacher education: Viewing EDC's experience with the South Sudan teacher education project through a conflict-sensitive lens. *Journal on Education in Emergencies, 1*(1).

Salmi, J. (2000). Violence, democracy and education: An analytical framework. *LCSHD Paper Series, 56*. Washington, DC: World Bank.

Seitz, K. (2004). *Education and conflict: The role of education in the creation, prevention and resolution of societal crises—Consequences for development cooperation.* Eschborn, Germany: GTZ.

Sharkey, H.J. (2008). Arab identity and ideology in Sudan: The politics of language, ethnicity, and race. *African Affairs, 107*(426),21 – 43. https://doi. org/10.1093/afraf/adm068.

Sommer, M., Muñoz-Laboy, M., Williams, A., Mayevskaya, Y., Falb, K., Abdella, G., et al. (2018). How gender norms are reinforced through violence against adolescent girls in two conflict-affected populations. *Child Abuse and Neglect, 79*, 154 – 163. https://doi. org/10. 1016/j. chiabu. 2018.02.002.

Sommers, M. (2005). *Islands of education: Schooling, civil war and the Southern Sudanese (1983 – 2004).* Paris: IIEP-UNESCO.

South Sudan Education Cluster (2017). *"Education cannot wait for the war to end": The role of education in saving lives and averting the loss of another generation in South Sudan.* Juba: South Sudan Education Cluster. http://reliefweb. int/report/south-sudan/education-cannot-wait-war-end.

Spronk, T. (2014). Addressing the challenges of language choice in the implementation of mother-tongue – based bilingual education in South Sudan. *Multilingual Education, 4*(16),1 – 10. https://doi. org/10.1186/s13616-014-0016-z.

Tawil, S., & Harley, A. (2004). *Education, conflict and social cohesion.* Geneva: UNESCO International Bureau of Education.

UN Careers (2017). Development of teaching and learning materials. *UNcareers. net* (8 March). https://uncareer. net/vacancy/development-teaching-and-learning-materials-99061.

UNESCO (2011). *Building a better future: Education for an independent South Sudan.* Paris: UNESCO.

UNESCO (2013). Children still battling to go to school. Policy paper. Prepared for Education for All Global Monitoring Report. Paris: UNESCO.

UNESCO (2017). Making textbooks inclusive for learners in South Sudan. Paris: UNESCO. http:// www. unesco. org/new/en/juba/about-this-office/single-view/news/making _ textbooks _ inclusive_for_learners_in_southsudan/.

UNICEF (2015). *Situation assessment of children and women in South Sudan 2015.* New York, NY: UNICEF. https://www. unicef. org/appeals/files/UNICEF _ South _ Sudan _ Situation _ Assessment_of_Child ren_and_Women2015. pdf.

UNICEF (2017). *25 million children out of school in conflict zones—UNICEF.* New York, NY: UNICEF. https://www. unicef. org/media/media_95861. html.

Vanner, C., Akseer, S., & Kovinthan, T. (2017). Learning peace (and conflict): The role of primary learning materials in peacebuilding in post-war Afghanistan, South Sudan, and Sri Lanka. *Journal of Peace Education*, 14 (1), 32 – 53. https://doi. org/10. 1080/17400201. 2016. 1213710.

Zaremba, N. (2018). In South Sudan, an artists' movement for peace catches fire. *USIP. org*. Washington, DC: United States Institute of Peace. https://www. usip. org/publications/2018/ 01/south-sudan-artists-movement-peace-catches-fire.